联结地球的文化力

——高占祥与池田大作对话录

高占祥
池田大作
著

中国人民大学出版社
·北京·

目　录

第一回
文化力与人生

池田大作名誉会长（以下简称池田）：“以文会友，以友辅仁”是《论语》中的不朽名句。与卓越的文化人士交友是来之不易的人生之宝。高占祥先生曾任中国文化部常务副部长，对文化的发展作出了很大贡献，是著名的作家、杰出的诗人、文艺评论家、书法家、摄影家。能与高先生开展对谈，我感到格外高兴。

高占祥中华文化促进会主席（以下简称高）：哪里，哪里，能有幸与池田名誉会长对谈，我才感到由衷的高兴呢。这不仅是交流，对我而言还是一种学习，因为我一向视池田先生为尊长。

池田：是我要好好地向高先生学习。我真高兴，与高先生的友谊已长达三十多年了。我非常感谢您不渝的友情。去年 10 月，贵中华文化促进会授予我“终身国际顾问”称号，我再次表示感谢。

我们的初次会面是于 1979 年春意正浓的 4 月，我在创价大学欢迎以高先生为团长的中华全国青年联合会代表团一行。

高：当时，我们青年代表团听说将获得池田大作先生的接见，所有成员都十分兴奋。

在艳阳高照的创价大学校园，在全体师生的热烈掌声中，池田先生春风满面地欢迎我们，并说：“为了纪念周恩来总理对日中友好的贡献，我们一起栽下‘周夫妇樱’吧。”

池田：对我们夫妇来说也一样，与周恩来总理和夫人邓颖超先生之缘，是没有任何事物可以取代的人生经历。

1974 年 12 月 5 日，周总理不顾重病在身，接见了年轻的我，和我讲述了期待世世代代中日友好和世界和平的愿望。我决心不辜负周总理的深切愿望，并视之为自己的使命。

其象征之一就是在与周总理会见的翌年，创价大学迎来了新中国第一批派来日本学习的公费留学生。在我的建议下，请留学生们种植了“周樱”。现任中国驻日本大使程永华先生就是其中的一位。

同时，我还计划挑选一个好日子，与贵国青年领导一起种植赞颂周总理夫妇的樱花树。

高：当时，我与池田先生共栽樱树，看着这两株象征着两国人民友谊的樱花树，我激动不已，于是便即兴吟了一首小诗：

樱花时节访东邻，
意最浓来情最真。
赏花倍感栽花者，
饮水常思掘井人。

诗中的“栽花者”和“掘井人”，意带双关。一是指周恩来总理，二是指以池田先生为首的创价学会、创价大学的朋友们。你们同样都是中日友好的栽花者和掘井人。

光阴似箭，日月如梭，三十年光阴弹指而过。我们都从壮年人变成了古稀老翁，时光染白了我们的双鬓，变化的是我们的音容体态，不变的是永恒的友谊和两颗赤诚的心。

池田：高先生当时吟咏的即兴诗，至今仍然回荡在我心中，我为那优美的韵律而感动。

时光飞逝，但真正的友情超越时空、超越国度把人们联结在一起。每当春天降临，“周夫妇樱”和“周樱”都花满枝头。她们所玉立的庭院，如今已成为创价大学欢迎世界有识之士的胜地。前不久的3月13日，还在此迎接了中国友好协会名誉顾问唐家璇先生。

我也不分春夏秋冬地在那庭院反复着邂逅与畅谈。有一次，我心潮澎湃地吟诗一首，题名为《樱花缘》，以表达我对周总理夫妇的感谢和敬爱。后来，我把这首诗敬赠给邓颖超先生。诗中我吟咏道：

细雨蒙蒙洗万绿
淡红花瓣益增艳
清风沁心脾
超然炎凉世外……

艳阳天，赏樱花
缅怀往事种种
胸中彩花万千……

时去时来
世事变幻
唯有樱花因缘而倍增光辉

告诉人们友谊万世常在

年年岁岁花开时
人民赞颂
人民的总理和人民的
慈母
光辉的一生

我也赞颂
心田中友谊的樱花
永远盛开

日中两国的音乐家、舞蹈家们以这首诗为基调，协力创作了歌舞节目《樱花缘》，当东方歌舞团于1993年前来日本举行公演时，在全国各地表演了这个节目，好评如潮。现在，创价大学中国研究会等学生志愿者，在欢迎贵国宾客时都会合唱《樱花缘》这首歌。

日中两国的友情年年加深，被青年们牢牢地继承着。

高：那次访问给我留下的最深印象就是“友谊”。两国青年一起唱歌，一起跳舞，互相勉励。当在机场即将分别的时候，我们更是依依不舍。我在笔记本上写下了两句诗：

一衣带水流不尽，
友谊之花万古春。

那次访问回国之后，我便开始攻读日语，并敦促我儿子一起加入日语学习班，因为我希望中日两国人民能世世代代地友好下去。

池田：多么感人啊。和您儿子一起学习日语！要把友好真情传给子子孙孙！——这充分表达出高先生的深厚友谊和赤诚之心。

的确如此，最贴近我们的下个世代就是自己的孩子。其实，我的儿子们也都多次访问贵国，也曾代表我去造访虽受聘但没有实现访问的敦煌、吐鲁番。儿子们都是热心的日中友好继承人。

不过，虽说是世世代代的友好，但根本唯是认认真真地培养一个又一个继承人。其中，“青年”的友情正是希望之光。

1968年9月，面对一万数千名青年学生，我发表了日中邦交正常化倡言。我唯一的愿望就是要把一切都托付给肩负未来的青年。当时虽然受到来自内外的强烈反对，但我确信历史的潮流必将滚滚向前。

高：那时，池田先生冒着极大的政治风险、豁出性命的大仁大勇之举，又确实是高瞻远瞩的大智大德之功。池田先生至今仍不辞劳苦为两国交流作贡献，这让我们非常感激、感慨、感动！我坚信，您的业绩将永留史册。

池田：过奖了，过奖了。

那是在我1992年第八次访问贵国之际，在金秋的北京高兴地与您重逢，适逢日中邦交正常化二十周年。

而且，非常荣幸的是，身为文化部副部长的高先生亲自授予我“文化交流贡献奖”，我终生不忘这份厚恩，深深感谢您为我们谱写了一页黄金般灿烂的历史。

高：文化部部务会上讨论这一奖项时，部长们一致认为：该奖项得主第一人非池田大作先生莫属，因为池田先生自1974年5月第一次访华以来，一直在积极促进两国文化交流，受到了各界人士的高度赞扬。

授予仪式当天，在热烈的掌声和悠扬的乐曲声中，我代表中华人民共和国文化部向池田大作先生颁发了奖状。

在颁奖仪式上，我对大家说："池田先生是我们的老朋友，长期为中日友好及两国人民文化交流事业奔走，并取得了丰硕的成果，对此，我们永远难忘。正是池田先生的大力支持，才使得我国很多民族文化精髓在近十年相继在日本公演，像中国甘肃歌舞团、上海人民艺术剧院、北京人民艺术剧院、东方歌舞团等都先后受到池田先生的邀请到日本公演。"

那天，池田先生赠我一幅已茁壮成长的"周夫妇樱"的照片，我仍然记得当时我特别激动。

池田：贵国对日本而言是文化大恩之国，佛教也是从贵国传入日本的。从这意义上来说，我们所信奉的日莲大圣人曾说"日本是中国的弟子之国"，我们向贵国报恩是理所当然的。

那时，高先生赠我墨宝"一衣带水 源远流长"，我知道您还特意请故宫博物院装裱过，您这幅墨宝已成为我们创价学会的贵重宝物被珍藏着。

高：当我再次访问贵国时，我注意到，您把这幅书法放在八王子的东京牧口纪念会馆里展出，这让我充分感受到您对朋友的情谊。今天，我可以说，"一衣带水　源远流长"这八个字，已经成为中日两国关系最贴切的概括。

池田：我的心情和您的完全一致。

在与高先生黄金般的交流中，2007 年承蒙您赠我大著《文化力》。我立即请翻译告诉我大意，并感动不已。我以一首小诗表达自己的心情：

一书越海置几上
如花万朵友情长
仿佛眼前迎旧友
共语文化乐洋洋

高先生一贯主张“文化力”、“靠文化来复兴人文精神”。可以说，“文化力”就是贵国发展的渊源，是联结地球“友好”、“和平”的关键。恰巧，由世界200多个国家、地区、国际机构参加，被誉为有史以来最大规模的文化盛典“上海世界博览会”，将于5月揭开帷幕。中国作为新时代文化的发源地广受瞩目。我也由衷祝愿上海世博会圆满成功。

在这样的时期，能与中国著名文化人士高先生以“联结地球的文化力”为题展开对谈，我感到格外高兴。

高：谢谢，您过奖了。幸运的是，中国之前举办了奥运会，今年又是世界博览会的主办国，我们首先必须感谢相信中国的各国朋友。

我所说的“文化力”是给予科学进步、经济发展、社会繁荣等无限力量的原动力，可说是“人类的第二个太阳”吧。

池田：您的字字句句让人感动，“文化力是人类的第二个太阳”这表达实在太精彩了。的确，如同太阳光促成植物发芽、成长、开花一样，只有充分发挥“文化力”，才能让人丰富的内发创造力开花。但是，不得不承认现代世界并没有让“文化力”健全地发光。

希望我们能就人类的历史与发展、人生与艺术、人文精神与宗教、教育问题、世界和平等进行对谈，并期望这是一次与年轻的读者们共同探索今后世界新目标的机会。

高：请多关照。

至今，与军事力、经济力相比，文化力常常被看低，尤其是在现代社会，可以说是被轻视的。但是，证明人的证据就在于有没有文化，现在该是重新认识文化力的时候了。我愿与池田先生和更多的有识之士一道，以一腔热忱发警世之呼吁，著警世之文章。

池田：高先生在《文化力》中针对现代人类文明的"失衡"敲响了警钟。从一个层面上来说，我猜测高先生指的是构筑人类社会财富、技术的"物质性"，和道德、信仰等"精神性"之间的平衡吧。我深有同感。

如今，贵国在以胡锦涛主席为首的领导班子下，在取得惊人的经济发展同时，正在努力构建一个"和谐社会"。而实现这"融合"、"和谐"理念的基础，我认为非"文化力"不可。贵国作为21世纪的"文化大国"，坚持走和平大道，是人类的巨大希望。

高先生着眼"文化力"的意义实在深远。

高：我决意写这本书的根本原因，刚才我也稍有提到，是我感到在经济快速发展的时代，文化被忽视了。中国文化界常用一句话来形容某些人对文化的态度："说起来重要，做起来次要，忙起来不要。"只看到经济力、科技力，而忽视了文化力、精神力。这恐怕是一种世界性的流行病。文化不仅仅是力量，而且是灵魂。它是经济发展、科技发展乃至社会发展的驱动力和牵引力。

池田：富有启发性的观点。可以说日本也一样吧。

这让我想起当年与伟大的历史学家汤因比博士讨论的内容，即"对于饥寒交迫的人来说，文学能起到怎样的作用"。

博士说："为了艺术的真正艺术，同时也是为了人生的艺术。"

他又加重语气说："文学，是能应付人生种种挑战并战而胜之的人性本能，所以切莫失望，要从正面堂堂向人生的诸恶和困难挑战。"如此说起来，汤因比博士也是一位坚信"文化力"的人士。

高： 我对文化的执著，还有一个原因，那就是我的母亲和我的哥哥、姐姐都目不识丁，是"睁眼瞎"。这使我真切地感到人生没有文化便没有光明。

1935 年 11 月 7 日，我出生于通州一户贫穷的家庭。家中房无一间，地无一垄。通州在北京郊外，现在大部分已城市化，当年是广阔的田园地带。母亲生我时已经四十八岁了，困苦的生活使她的身体十分羸弱。我一出生就没有奶吃，虽是个婴儿，但却满脸皱纹。有人开玩笑道："高家生了个小老头儿。"于是，村里的人都叫我"小老头"。这个丑陋的乳名曾一度压得我在同村的孩子中抬不起头来。幼年时代的我，仿佛从来没有吃过一顿饱饭。有时饿得受不了，就和小伙伴们到荒坡上挖野菜，野菜虽然很苦涩，但能充饥。

池田： 多么艰苦啊，谢谢您的坦率，相信一定能够鼓励那些经济拮据的青年。在这样的背景下，您幼年就边打工边刻苦学习吧？

高： 是的。为了混口饭吃，不饿肚子，九岁时我就去了离家一百多里的石景山制铁所做"小苦累"。没日没夜地砸矿石焦炭，拾废铁炉渣，过着牛马不如的悲惨生活。那时，当童工的孩子很多，每天都要劳动十五六个小时，有时还被逼着"打连勤"（即连着干一天一夜），又累又吃不饱，吃的是发了霉的混合面。我面黄如蜡，骨瘦如柴，终于累垮了。在病中，我呻吟着一首自创的《童工谣》：

火车一冒烟儿，到了石景山儿，
鞋也掉了底儿，袜子耍了圈儿，
吃了花子饭儿，住了花子店儿。
爱吃不吃，三月两月不开支。
爱干不干，一天三顿混合面。
爱活不活，挨打受气没有辙……

困苦的环境磨炼了我的耐力，艰难的生活铸就了我的性格。我像荒原野岭上的一棵小草。风风雨雨、坎坎坷坷，我却因此而有了更为顽强的生命力。

池田：太感人了，我难掩热泪。高先生正是“艰难困苦，玉汝于成”的榜样。

“男儿屈穷心不穷，枯荣不等嗔天公”（李贺诗句）。少年的您决不屈服于极端的苦境，我要把您的这种奋斗告诉全世界的青年人。您的《童工谣》也感人肺腑。

我在年轻时代也曾咏歌赞扬那些宛如无名的路边花草一样顽强奋战的朋友们：

他要活下去
罗列在绿茵上
顽强地活着
不畏秋霜　以不挠的意志与
天生柔韧的抵抗力
他愉快地活着……

你是多么伟大啊
你是多么勇敢啊

你是多么明朗啊……

你历经艰辛　我在默默守护
你的真实　唯我来歌颂
你的姿态　将是我一生的方针……

高先生就是在逆境中勤奋学习过来的。

高：的确，我自幼喜欢读书，六七岁的时候，见到别人家的孩子上学，我也曾哭着喊着要上学，妈妈说："傻孩子，咱家连饭都吃不饱，哪有钱上学呀！"

1945年日本投降后，十岁的我才开始上小学一年级。

然而，我并非上学之后才读书的。在六七岁的时候，我就时常读背《三字经》、《百家姓》、《千字文》、《弟子规》、《名贤集》等启蒙读物。那些书是从街坊家借来的，他们还领着我读，教我识字。

池田：真不愧是"腹有诗书气自华"。我眼前浮现出目光炯炯、敏锐地专注于学习的年幼的高先生的英姿。而且，您珍惜街坊人恩义的心意令我感动。

虽然不该与高先生相比较，但我少年时代也苦不堪言，家境不济、战争、肺病。直至成人，终无安心学习的环境，但我自己一直努力看书，书是精神伙伴。我殷切期望当今的青少年也能体会到看书的乐趣。

话又说回来，您好不容易上小学，又因不得不打工帮补家计而中途退学？

高：是的。我只读过五年小学，但从少年时代开始，我一直努力抓住一切学习机会。是文化改变了我的命运。因此，我真诚地希望用文化的力量改变更多人的命运，甚至还奢望用文化的力量改变国家的命运。

池田：“劳苦即成长”、“苦斗即胜利”——支撑高先生无止境向上的人生基础，在于少年时代可贵的学习和努力。我认为，个中蕴含着“文化力”的原型。而这种“文化力”是作为“人的生存力”的“文化力”，以及作为“为了他人的生存力”的“文化力”。

青年，不因处于优越的环境而幸福，有时，反而因此而不幸。

我想起了日本著名作家吉川英治的话语，他曾对一位富裕的青年说：“一般来说，青年都在反复地与热情相搏斗中得到成长，而你太不幸了。过早地看了太多的美事，吃了太多的美食，没有比这更不幸的了。因高兴而高兴的感受性退减，这对青年来说太可惜了。”

高先生可说把最不幸的生活境遇改变为最好的学习环境，在人民中学习，发挥千锤百炼的“文化力”为人民作贡献，作为国家代表性的领导人而大显身手。

率先强调“文化力”的重要性，这是值得大书特书的功绩。

高：早在20世纪70年代末，我就论述了文化对经济、政治、思想、教育等各方面的影响作用。90年代，我开始研究文化力课题，并提出了“文化先导力”这一概念。这在当时可能有些不合时宜，甚至骇人视听。有人说，在以经济建设为中心的大环境下，却提出什么文化先导作用，看来有些背离时代了。然而，著名科学家钱学森、钱伟长两位先生却赞成我的观点，他们认为“文化对经济存在先导作用，文化是具有先导力的”。

池田：我知道，两位钱先生都是世界著名科学家。

我分别在中国和日本与钱伟长先生会谈过，他曾加强语气地说："希望中日两国青年能来实现我们未能做到的。"这句话我一直铭记于心。

钱学森先生于去年秋天辞世，世界为之惋惜。俗话说英雄识英雄，有心人早就赞扬了您的慧眼啊。

高："路似弯弓人似箭，射穿天地不回头。"这些年来，我从未放弃对文化力与文化先导力这一课题的探索与研究，并不断地深化与完善。

2007年6月，我在北京大学作了关于软实力的演讲，在演讲中我正式提出了"文化力是软实力的核心"。这一时期，我的《文化力》一书已酝酿成熟，安排在秋季出版，也算是瓜熟蒂落了。

在同年11月召开的中国共产党第十七次代表大会上，胡锦涛总书记明确指出要"提高国家文化软实力"。这让我异常惊喜，也证明了《文化力》一书与中央政策不谋而合，顺应了社会发展的潮流，奏出了时代精神的先声。

池田：佛法上很重视"适时"。必须认清"时"，弘扬能真正拯救民众的法。高先生倡导的"文化力"，在贵国已成为合"时宜"的思想。我也认为这潮流是必然的。因为文化本身就是在人类漫长的历史中形成的物心两面的成果，是精神遗产。以衣食住为首，包括科学、技术、学问、艺术、道德、宗教、政治等生活形成的样式和内容，深深地牵涉着人的精神生活。

怎样来继承、创造、发展这文化，是当今最重要的课题。

在此，请高先生为日本的读者就"文化力"的定义简明扼要地解释一下。

高：先生说到文化力的定义，这使我想到在社会科学领域，定义往往不像在自然科学领域那样确切。文化也许更是如此。先生既然考问我，倒让我深思良久。我想，文化是一种客观存在力量，但文化还不等于文化力。只有当文化转化为力量的时候，才能称之为文化力。这就要研究这种力量与其他力量的相互关系，以及怎样通过这些相互关系作用于社会的进步。

2007年12月，我应邀在美国国会图书馆发表了题为《用文化力推动人类社会发展和文明进步》的演讲。我认为，软实力的内容虽很广博，但就其主要内涵来说，可以简括为“五力”，即政治导航力、社会文化力、民众精神力、制度约束力、外交决策力。这些软实力都是以文化力为基础的，因此，文化力是软实力的核心。正如先生所论断的那样：“联结地球的文化力是中国发展的渊源和世界和平的关键。”

池田：1991年，我应邀在美国哈佛大学发表了题为《软实力的时代与哲学》的演讲。其中，我特别强调的是从军事力、权力、经济力等“硬实力”转变为知识、文化、组织等“软实力”，是时代的要求。而其核心哲学，则是东方思想中所阐述的“缘起”那样的思想，重视关系性要比重视个别性更多，让人的系绊清新地复苏，它该是内发性的、综合性的。

今天，时代正不断地向着发展软实力转变。贵国正向着建设“和谐社会”大步前进。

2008年来访日本的胡锦涛主席在与我的会谈中，我们也就“只有和谐社会才是人类该前进的道路”各抒己见。同时，我们也一起展望，通过以青年为焦点的更进一步的文化交流，把人类的心联结在一起。

对贵国而言，从文化力的观点来看，您认为今后该推进的是什么？

高：和谐是重要的，但和谐不是最终目的，和谐的最高境界是“和合”。和谐出美，和合生力。只有和合力，才是推动社会进步和人类发展的“超强力”。

和谐社会的建设，实质上就是“人心”的建设。“心和”是和谐社会的基因。我们应该高度重视和把握人性及其精神世界的规律，引导社会秉持一种健康、健全的文化理念和态度。

个人认为，这是一项比推动社会生产力发展和经济建设更为艰巨、更为复杂、更为紧迫的战略任务。

池田：非常重要的观点。以佛法为基调的创价学会的和平、文化、教育运动，也是始于每一个人的内在的变革，即“人间革命（人性革命）”。只有与发自自身生命次元的革新、精神变革互动的社会变革，才是持续可能的社会变革。就此，我在小说《人间革命》的前言中写道：“一个人伟大的人性革命，不但能改变一个国家的命运，甚至可以转变全人类的宿命。”

一个人的生命所拥有的力量和智慧是无可估量的。从贵国学来的佛法真髓中，阐明了挖掘它们的根本法，并指明了实践的方法。

周总理十分看重的一句话是“言必信，行必果”。

为和平、为建设和谐社会，重要的是行动。多年来，我们与贵国深入地开展着文化、教育交流。如此踏实的民间层次的心与心的交流将越显重要。

高：在这里，我要特别感谢创价学会、创价大学的所有成员，尤其是池田大作先生。你们是中日文化交流的开拓者，是你们让我感受到了来自芳邻的清新与温暖。

在文化交流之中，我最关心的方面是民间交流。虽然我长期从事党政工作，但我始终认为民间交流才是最为本质的交流。因为它较少受到政府利益、政治偏见和政党意识形态的影响。池田先生堪称中日交流事业中一位伟大的民间使者。

池田：不说我了，民间交流、民间人士交流的重要性，再怎么强调都不嫌多。1974年，继访问贵国之后，我又首次访问了苏联，那时我向柯西金首相建议："日本人对俄国文学、音乐很感兴趣，但对苏联这个国家抱有恐惧感。光是政治、经济的交流不能建立真正的友谊。让我们广泛活跃地推进民间交流、人际交流、文化交流，增进相互理解。"

更何况，当今已是全球化时代。从积极的意义来说，更应该相互理解、相互学习、相互合作。

高：在国与国的交流中有三条纽带：政治纽带、经济纽带、文化纽带。实践证明，政治的纽带是飘忽不定的，经济的纽带是时聚时散的，只有文化的纽带是永恒的。只要两国人民的文化血液能够交汇融合，那么它就会成为凝聚友情的伟大力量。

池田：对，国家的主角是人民，没有什么比扎根于人民之中的文化更强大有力。文化交流是人类的桥梁，是巨大的和平彩虹。

尤其是在文化、历史方面有着深厚渊源的贵国与日本以及亚洲各国紧密相连的话，我相信一定能够使文化更加成熟和发展。

就此，汤因比博士在与我的对谈中指出："日本与中国历史性的文化、社会方面的纽带最为重要。"

我认为，文化交流是掀起联结人心的友好"波浪"。在这波浪上，政治之船以及装载在这船上的经济货物都能顺利航运。这也是我与贵国各位领导人会谈的信念。

高：纵观古今，人类的文化不是一座静静的山脉，而是一条流动的长河。只有不同的文化支流相互交汇、相互撞击、相互融合，人类文化才能不断向前发展。

长年来，我更关注东亚国家、地区之间的交流。我个人很重视中华文化与日本、韩国、朝鲜、蒙古、新加坡的关系，中国应进一步加强多边的交流与合作，不能任由文化霸权的国家搞单边主义。在文化上要搞区域联合。三年前，我曾主持亚洲文化合作会议，并提出创立“亚洲文化联盟”的设想，就是出于上述考虑。

文化是民族的灵魂，文化交流的本质是灵魂的交流。当然，如今讲的文化交流更多时候是指文学、艺术、教育、科学、出版，也包括体育竞技和相关的文化产业等等，通过文化交流，走出去，请进来，吐故纳新，取长补短。这样做，不仅能促进人类文化的发展，而且还会增强各国人民之间的友谊，有利于人类的和平与进步。

池田：我的想法与高先生是一致的。多年来，日本有一种倾向，认为艺术、音乐等文化是一部分人的特权。但是，优秀的文化、艺术本应该是人类重要的共同遗产。为了能对让文化回归到人民的手里起到哪怕是一点点的作用，我创办了民主音乐协会(民音)、东京富士美术馆。

诚如高先生所言，通过接触不同文化国家的绘画、雕刻、音乐等，感触“民族的灵魂”，能更深入地了解那国人民的心，并能更进一步相互理解，从中产生共感、敬意和相互学习的心意，我相信也可能有对人性的新发现。因此，由文化交流缔结的友谊，具有稳定性和持久性。政治、经济的关系中必有利害关系。它们会因时代的变化而摇摆不定。

高：对。有这样的说法：“没有永久的朋友，也没有永久的敌人，只有永久的利益。”以这句话形容国家之间的政治、经济关系，虽然略显悲观，但却具有很大程度的真实性，况且国家利益本身也是堂堂正正的。但是，利益因为是具体的、此长彼消的，所以无永久可言。相比之下，文化交流因为往往不涉及过于具体的政治经济利益，所以，就具有您所说的“稳定性和持久性”。

池田：日本自古就学习贵国的文化。常说的“日中交流二千年”，其多半是日本从中国学习的历程。我们创价学会第一任会长牧口常三郎先生也在距今一百多年前的 1903 年出版的著作《人生地理学》中，率先强调文化从贵国传入日本的恩义。

高：我注意到，您特地用了“恩义”一词，这使我很感动，使我看到先生对历史所怀抱的敬意。如何看待历史，可以有不同的观点，但对曾经发生过的史实则要承认。承认历史，才能赢得别人的尊重。

池田：是的。这也是我常对青年说的，对待历史，既不近视，也不远视，而应该是正视。这是我们的先师牧口先生和户田先生的教导。

因此，必须了解真实历史、正确认识历史。尤其是日本，绝对不该忘却在当年的大战中对以贵国为首的各国所犯下的种种残暴行为和罪过。

高：正如池田先生所说，中国和日本自古就建立了深厚的关系。最早的传说可以追溯到秦王朝的徐福。到 8 世纪有鉴真东渡日本，另有阿倍仲麻吕等西行中国，此类故事甚多。

不过我印象很深的是，无论在古代向中国学习，还是在现代向西方学习，日本始终坚持自己的文化理念，也就是所谓的“和魂汉材”吧。这种文化的自主性很值得中国人学习，任何一个民族也不能“虚心”到丢失自己的地步。

池田：多么宽宏大量啊。您现在所说的这番话，正是日本应该学习的。诚如日本大肆流行过的词语“西方化”、“崇洋”，对日本传统文化、传统精神的不断消失一直抱有危机感。

不过，在对这方面加以留意的同时，两国青年共同相互学习、携手前进将越显重要。两国人民之间建立永恒的友谊是关键所在。

高： 无论中国还是日本，关于友谊的格言应该是很多的。而此刻，我第一时间想到的是孔子所说的“己所不欲，勿施于人。”

我认为这句话说得很高明，因为他说了一个最起码的标准。就是说：人与人、国与国在相处的时候，要将心比心。你自己不喜欢的东西千万不要强加给别人。这不算苛求，不算高标准，应该都能做到。而且这种说法不是耳提面命，而是柔性的劝说。所以有人认为这句话可以说是人类的普世价值，我认为是这样。

池田： 是啊，孔子的这句话也是我恩师非常重视的一句话。基于这句话，恩师又教训青年说：“利于人者，汝施于人。”

1973 年 4 月，在关西创价学园第一次入学典礼上，基于恩师的教诲，我直截了当地赠学园生们一句话：“决不把自己的幸福建立在他人的不幸之上。”

之后，毕业生捐赠母校一块“和平教育原点之碑”，这句话也被刻在碑上，大家都很看重这句话，已成为学园的指针。

这句话同时也得到世界许多有识之士的赞成，并一致认为“它将是解决贫困、差距、国际纠纷等现代世界难题的关键性的重要哲学”。

站在对方的立场上行动是信赖和友情的根本。

高： 中日之间，如果事事能够想到、做到“己所不欲，勿施于人”，很多麻烦就没有了。像您一样，我很看重友情。从与您三十年的往来中，我深切体会到了友情的珍贵、友情的力量、友情的快乐。在与人交往中，要恪守“仁、义、礼、智、信”这五常之道。我觉得这是为人处世最应注意的事情。

第二回
文化力与个人命运

池田：“周樱”以及和您共同种植的“周夫妇樱”的“赏樱会”，到今年为止于创价大学已举办了32次。今年“赏樱会”的那天晴空万里，樱花开得正盛，正在日本访问的贵国四川省社会科学院一行、中国大使馆馆员、各国交换教员、留学生等参加了观赏。每年的“赏樱会”已成为意义深远的“日中友谊活动”。

与我们夫妇建立了深厚友谊的邓颖超先生在访日时（1979年4月12日）曾说：“我最想去创价大学看看。”这是与高先生共同植树五天后的事。那年，因为东京的樱花开得早，所以她没能看到樱花怒放的盛况。为了不让她失望，我去东京的迎宾馆拜会她前，给她送去了妻子准备的一大簇盛开的八重樱，摆放在我们会见的会场。

高：邓大姐——我们满怀敬意亲切地称呼邓颖超为邓大姐，这是邓大姐作为全国人民代表大会代表团团长访问日本期间的事吧。

池田：对。后来，于1990年我第七次访问贵国时，去她中南海的家里拜访她，也给她带去了“周樱”和“周夫妇樱”的照片。她高兴地说：“都长大了不少啊。”她那慈母般的笑容，让我终生难忘。

高： 作为共同种植“周夫妇樱”的一员，我也感到特别高兴和自豪。周恩来总理是一位鞠躬尽瘁为人民服务、受人民无比敬仰和爱戴的领导人。周总理夫妇对我的影响是无法估量的。

池田：“周樱”和“周夫妇樱”年年根深枝茂，作为“日中友好传万代”的象征茁壮成长。雕刻着“周樱”二字的石碑，设置在樱树旁边，面向北京。

前面我也讲到，1974 年 12 月 5 日，周总理不顾重病在身，于北京市内 305 医院会见我。当时总理七十六岁，我四十六岁。切望两国永远和平与友好的总理的每一句话，现在仍然是我下定新决心和获得启发的源泉。

“以民促官”是周总理一贯的外交哲学，就是要在民众间的信赖基础上建立永不崩溃的友好关系。

我认为，他因此而关注到立足于民众的创价学会的和平运动，对一介民间人士的我也寄予厚望。

在与周总理的会见中，他留恋地回顾自己的青年时代说：“我是在五十年前樱花盛开的时候离开日本的。”1919 年 4 月，青年周总理提前结束在日本的学习，为拯救激烈动荡的祖国而从关西神户港乘船回国。

我对周总理说：“请在樱花盛开的时候再度访问日本。”

总理说：“我有这愿望，但难以实现了吧。”当时他的病情已相当严重。

从紧握我手的总理手上，我感觉到犹如菩萨般的温馨。总理的手是与成千上万人民握过的手，是一直不断给予人民鼓励的手。当时总理的双手颜色灰白，给我的感觉仿佛是因疾病而燃尽了生命的色彩似的。这双手，与我的恩师户田城圣先生晚年时同样的白。我和我妻子共同祈求周总理健康长寿。遗憾的是，在我们会见的一年又一个月后，这位稀世的人民领袖与世长辞。继承了已故周总理遗愿的邓颖超先生在春天访问了日本。

年复一年，特别是在樱花盛开的时期，我总是特别怀念周总理夫妇，也因此，我倍加爱惜樱花树。

高：我对樱花一向抱有怜爱之情。樱花开放的时候繁华明艳，满树灿若云霞；凋谢的时候却悲壮刚烈，枝头不留一片。贵国人民为樱花的落英取了一个凄美的名字——“花吹雪”（按：吹雪原意是暴风雪，花吹雪意指落英缤纷）。

池田：因为樱花落得特别干脆，战时的日本把她称为“军国花”。为了那场被美化了的战争，不知有多少青年像落英缤纷般仓促地失去宝贵的年轻生命。没有比战争更悲惨、更残酷、更无情的了。年轻时的我，曾边凝视残存在战火废墟上的樱树，边缅怀为战争牺牲的无数青年，吟咏了一首诗叫《缤纷落樱》，其中几句是：

避过战祸　残存樱树花开放
无穷蓝空底　落英何纷纷……

“缤纷看落樱　偶存枝上三两朵　也将成落英”
有感之人低吟

青春樱　几百万
为何　如此化落红　如此化落红……

诸行无常　还是常住？
无由得知　早已化春泥
缤纷看落樱　偶存枝上三两朵　愿你永不凋
每到春风吹拂时　烂漫吐芬芳

战时，人们把易燃烧的樱树用来当柴火、木炭，甚至还把看顾樱树的人骂为“国贼”。好一个疯狂时代啊。

在这样的背景下，我一直祈愿着，总有一天能扬眉吐气地把这樱花视为“和平花”。值得高兴的是，如今在创价大学、创价学园和遍布在全国各地的创价学会会馆等等，都种植了许多樱花树。历来，人们都认为“樱花中的染井吉野品种在北海道不开花”。但在樱树园丁的执著努力下，位于北海道厚田的户田纪念墓地公园内，八千株染井吉野樱竞相怒放。

在我的建议下，我故乡（东京都大田区）也曾被赠与一千株樱花幼树。这批樱树已成为当地的名胜。

高：以前，我在访问日本期间，曾在岚山、富士山、琵琶湖畔见到一团团盛开的樱花，当时按捺不住心中的倾慕之情，因而撰写了一首七律：

七律　樱花赞

一树芳香遍海涯，
繁如锦绣灿如霞。
琵琶湖畔春光漫，
富士山头夜色华。
殷切几番承雨露，
妖娆何处避尘沙。
风来尽化千堆雪，
难怪东瀛奉国花。

池田：每一句都沁入我心，好像身临既雄大又细腻的光彩生辉的情景。高先生深刻地理解了日本人自古就“钟爱樱花的心情”。

“往事千千万　一件一件涌心田　樱花烂漫时”是俳句诗人松尾芭蕉的名句。在很多日本人心目中，都有与樱花相关的回忆。

佛典有云："雅趣如樱何弃其树俗。"一到春天，从那黝黑坚挺的枝头或树干上，就会绽放出美丽烂漫的朵朵樱花，面对这戏剧性的变化，又有谁能不发自心底地感动呢？这也是反复着生与死、生命不可思议的象征。

高： 我在学校学习日语的时候，也经常哼唱贵国歌谣《樱花曲》：

樱花啊，樱花啊，
三月的天空，
放眼望去一片花海，
分不清是彩霞还是云，
散发出诱人的芳香。
走吧，走吧，
我们去赏樱花吧！

这首歌谣展示了一幅如诗如画的绚丽风景。

中国人民对樱花也颇为喜欢。北京园林局特意在玉渊潭公园东湖畔建造了樱花园；还在西城区北三环中路建造了双秀园，该园分"中国园"、"日本园"两部分，其中日本园的叠石、木桥、花卉俱由贵国运来，使游客不出国门，也能欣赏到贵国的园林风光。在占地 60 公顷的北京植物园内，共有 4 500 多种植物。在多姿多彩的植物世界里，可以看到一些外国元首赠送的珍贵植物，例如美国的红杉、菲律宾的金蝶兰、斯里兰卡的菩提树，而贵国的樱花，在园中尤其显得灿烂。

除了北京，在中国其他城市也可看到樱花的芳姿丽影。如江苏省无锡市的鼋头渚公园长春桥畔，就种植了数百株樱花树。每当樱花盛开之时，风光绚丽，游人如织。

池田： 得知中国人民如此喜欢樱花，我感到高兴。不仅是樱花，各种花卉都能成为国与国之间永恒友谊的象征，大家精心浇灌她们、爱护她们，而当赏花时，人们在相互接触不同文化的同时，培育和平的精神。这里有美丽的诗、绚丽的画，文化放光华。

我们将铭记周总理的真情，决心要让日中友好之花开得更加灿烂。

在此，想请高先生谈谈与周恩来总理、邓颖超女士之间的美好回忆。

高： 早在1964年6月，我就拜识了周总理和邓大姐夫妇。当时，中国共产主义青年团第九次全国代表大会在北京隆重召开。毛泽东主席和周恩来总理都出席了开幕式，并与全体代表合影留念。会议结束后，周总理把我们部分代表请到了中南海紫光阁的家中，设便宴招待大家，邓大姐也在座。周总理亲切地询问了我们的工作和家庭情况，勉励我们要珍惜火红的青春年华，为建设祖国贡献力量。

池田： 这是青春时代的“珍贵邂逅”，也是重要的历史证言。周总理从不间断与青年进行美好的交流。

高： 是的。同年10月的一个晚上，周总理在北京人民大会堂宴会厅宴请贵国的青年友好代表团，我也有幸参加了那次盛会，并与青年代表一起向敬爱的周总理敬酒，祝福他健康长寿。

周总理在致欢迎词时说道：“中日两国，有着很深的渊源。唐代高僧鉴真东渡日本，弘扬佛法，受到贵国孝谦女皇极高的礼遇和贵国广大民众热烈的欢迎。两国朝野来往密切，有着长达一千余年的深厚友谊。有些遣隋使、遣唐使的成员还在中国定居，娶妻生子，当上朝廷大官，他们会说一口流利的汉语，写一手好诗。我们两国间曾经兵戎相见，那是一场历史的噩梦。如今我们‘相逢一笑泯恩仇'，化敌意为善意，化干戈为玉帛，这是值得大家高兴和庆贺的。但愿两国的传统友谊像滚滚长江那样滔滔不息，像巍巍富士山那样万古长存。”

周总理热情洋溢的致辞赢得了全场经久不息的掌声，我的两只手掌也拍疼了。当时，我暗暗下定了决心，日后一定要去日本访问，当一名中日友好使者，为中日友谊的大厦添砖加瓦。

池田：我知道了高先生对中日友好之深情的渊源。周总理相信青年，为青年挺身开路。周总理的这种态度，就是对日本青年，也没有丝毫的不同。

其实，在我会见周总理的三年前，我们创价学会男女学生部的成员，曾有幸出席与周总理的恳谈会。

应募召集的数十名日中学生友好会的访华团成员中，有六名是创价学会的学生部会员。以下是这六位青年的汇报内容：

1971年9月1日夜晚，突然通知正在北京的宾馆休息的访华团员们集合，然后大家坐上巴士前往人民大会堂。进入会堂内，周总理和文豪郭沫若先生等要人站在会见大厅的入口等待着大家，和每一位亲切握手。会见中，周总理说访华团是“中日友好的重要使者”，他一边请大家放轻松，一边又说：“你们若想提问，什么都可以，随便问吧。”大家争先恐后地举手发问。

团员们所访问的各城市，都有受害者亲自讲述当年日本军的残暴。就此，有位团员说：“身为日本人，实在感到非常对不起。”周总理马上说：“中国人民不恨日本人民，残暴者只是一部分的军国主义者，日本人民也是军国主义的受害者。为了不让日本军国主义重新抬头，我们两国人民要团结起来共同奋斗！”

高：这是周总理对国内外的一贯主张。

池田：是啊，就从这一点来看，我们从周总理和贵国人民那里所蒙受的大恩实在无法估量啊。

那次的会见约有两个半小时。时针已过零点，日期更新，但大家还围着周总理，就好像在聆听“特别讲义”。周总理说：“中国切望中日友好。请你们向日本人民转达中国人民的心愿！”

周总理对代表团寄予全面的信赖，对此，每个人都切身感受到自己肩负着重大的责任。

我相信，周总理由衷认为“构筑两国的友好、亚洲与世界的和平，唯托付给青年们”！

如今，我与高先生深深地共同拥有这份心愿。

高：我年轻时，在周总理的关怀和支持下，为缔结加强中日两国青年友好合作关系协定而尽力。1965 年，中国开始组织大规模的“中日青年友好大联欢”活动。当时的情景，至今仍然记忆犹新。诚如您说的，我的心愿至今都没有任何的改变。

池田：就“中日青年大联欢”活动，当时担任周总理等国家领导人的翻译、曾任中日友好协会副会长的黄世明先生（已故）跟我讲过。在两国邦交正常化之前，青年们率先开展交流，而高先生又为实现交流作过贡献，这是值得特别记载的重要史实。高先生生于 1935 年，我生于 1928 年，我们差不多属于同一时代，生活在日本和中国这两个邻国。当时的日本可说是笼罩在军国主义的阴云下。

1931 年的“柳条湖事件”、1932 年的“第一次上海事变”、1937 年的“卢沟桥事变”、“第二次上海事变”……即使在日本军残暴的侵略下，周总理引用过的鲁迅先生名言“度尽劫波兄弟在”不知给日本人增添了多少勇气啊。日本军的残暴，使中国人民遭受了巨大痛苦。

身为日本人，我实感抱歉。这段历史，必须永远地、正确地、俨然地传下去。

战时，我的四个哥哥都被召去战场，大我十二岁的大哥最初被派去中国，后来在缅甸战死。日本战败两年后，才收到哥哥阵亡的通知书，当时父亲的痛苦和母亲的悲伤，实不堪言。我忘不了大哥生前从中国战场临时回国时愤怒地对我说的话："日本实在太过分了。太残暴、太傲慢了。日本人、中国人不都是人嘛。"

日本军在中国犯下了滔天大罪，在我幼小的心里就烙印了对战争的愤恨。我家也在空袭中被烧毁，我患肺病但还是被迫在军工厂劳动，整个少年时代都笼罩在战争之中。对造成罪恶悲剧的战争之愤慨，也成了我日后比谁都强烈渴望和平的契机。话题已涉及到少年时代，请高先生介绍一下自己的故乡吧。

高：池田先生立足于正确的历史观，我由衷地感激和感谢。

我的故乡在北京通州郝家府村。通州位于闻名世界的京杭大运河之北端，是中国南北文化交融之地。一千多年来，各种不同的中华文化因子在这里发酵积淀，形成了古韵悠长、雅俗共赏的通州运河文化。

潮奔浪涌、天然形成的长江与黄河，象征着中华民族豪迈雄健的阳刚一面；而水平流缓、人工凿就的运河，则象征着中华民族温柔敦厚的阴柔一面。

我的童年是围绕着大运河度过的。白天，我在河边玩耍或挖野菜，偶尔，我会停下身子，痴痴地凝望着叶叶风帆驶向遥远的天边，尽管当时的我时常食不果腹、饥肠辘辘，但幼小的心灵却还萌动着许多高远的幻想和渴望。夜晚，当我躺在母亲的身旁时，那一阵阵忽远忽近的涛声，会将我送入甜美的梦乡。我熟悉大运河的风光水色，一如熟悉母亲那艰难而又执拗的叹息，以及她那布满愁绪却又温柔和善的眼神。

通州的风土人情饱含着深厚的文化意蕴，对我的影响很深。朴实优美、声韵婉转的运河号子；通俗易懂、朗朗上口的通县民谣……这些民间歌谣，直接触发了我对诗歌的兴趣。我少年时期经常参加气氛热烈、动作灵活的高跷会，这为中年以后学习国际舞打下了一定的基础。现在我是英国皇家国际标准舞学院的名誉会员，并且获得了中国国标舞金星勋章。而我对书法、绘画的兴趣，也源自童年时代对剪纸、面塑等通州民间艺术的喜爱。

从我出生的那一天开始，通州的风情、韵味，就已经在我的精神世界中无声无息地生根发芽，并逐渐生长出繁茂的枝叶与累累硕果。通州运河四通八达、包容天下，这种器度也影响着我的心胸，引导我在以后的道路上，不断开拓、提升自己的人生境界。

池田先生对自己的故乡有怎样的回忆呢？

池田：养我育我的故乡深深烙印在我心底，让我终生难忘。我生在东京都大田区，位于今天的羽田机场附近，家业是加工海苔；当时那里是一片海风吹拂的广阔田野，沙滩和原野都是孩子们玩耍的地方。

1923年的关东大地震导致地壳变动，养殖的海苔损失严重，父亲又因风湿症病倒，加上哥哥被征兵，导致家道中落。幼年的我一心想给家里帮上忙，哪怕是一点点也好，于是也拼命地帮着加工海苔。早上要起得特别早，尤其是冬天，那可是非常艰巨的作业。不过，时至今日，我仍然为自己有这般人生体验而自豪。

自十二岁起的大约三年间，为帮补家计，我还当了送报员。有家订报的年轻夫妇常常鼓励我说："从小吃苦是好事，你要当心好身体，你现正在给你自己的人生谱写历史啊。"他们凝视着我双眼说的这番话，我至今仍记忆犹新。

高先生在刻苦学习的过程中，也受到过左邻右舍的鼓励吧，当然，更受到父母的影响。

高：我父亲有一定的私塾底子，曾在古玩店里当过写账先生，外号"铁算盘"。父亲常常给我讲解启蒙读物的内容。当我进入小学校门之时，几本小书都背下来了，还背诵了一些诗词。

那时，给我最深印象的诗句是杜甫的“朱门酒肉臭，路有冻死骨”。

池田： 这是苛责为政者傲慢，不顾民众悲惨而享尽奢华，喝破疯狂社会之不合理的名句。

高： 后来，我把亚圣孟子的一段名言当成了对自己的勉励：“天将降大任于斯人也，必先苦其心志，劳其筋骨，饿其体肤，空乏其身，行拂乱其所为，所以动心忍性，增益其所不能。”

这段话融入了我的生命，并指导着我的人生。

池田： 我也很喜欢这节名言。年轻时所经历的忍耐和劳苦，奠定岿然不动的人生基础。高先生伟大高尚的人格，就建立在久经锤炼的基础之上。

我自青年时代起就把“波浪每遇障碍，其志弥坚”这句话作为指针。困难是前进和成长的原动力，包括苦难的战争岁月、您父母给您的教育等等，有没有现在仍然牢记于心的往事？

高： 前面我也说过，我的童年很苦，但父母给予的关爱，却令我永难忘怀。我父亲年轻时，曾在北洋军阀吴佩孚手下担任连长，由于不肯冒领军饷而辞职回家。有一天，我饿得实在受不了了，就到别人家的瓜地里偷瓜。父亲发现后，痛斥了我一顿，他指着我的鼻子说：“孩子，咱家人穷志不穷。”父亲说这句话时的语气、神态，到了今天，我依然记忆犹新。

我的母亲虽然是一个文盲，但她却教导了我很多朴素的人生道理，这些道理使我终身受益。可以说，母亲是对我一生影响最大的人。

记得在我进学堂读书之前，母亲找了一块蓝布，给我缝了一个书包，一边缝一边嘱咐我：“咱穷人家孩子能上学可不容易啊！

要听老师的话，好好读书，可不能让人家看不起!”从那天起，母亲的这句话就像钉子一样牢牢地钉在了我的心上。我学习很用功，在小学的五年里，年年考试拿第一。

池田：真是富有正义感的父亲和充满慈爱的母亲啊。

人穷志不穷，成为内心丰裕的人——您父亲把做人最重要的一点教给了您。而您母亲的鼓励成了您好学向上、胜利人生的原动力，令人感动。

能够由衷尊敬伟大母亲的人是伟人。

珍惜母亲的心愿是创造和平的力量。

与我共同出版对话集的历史学家汤因比博士也一样。他曾感激地回顾说，小时候，母亲总是在枕边给他读讲英国历史故事。

汤因比博士写道：“如果幼年时母亲没让我在自己的脑海里或心里喜欢上历史，那我相信，我是绝不可能写出这本书（《历史研究》）的。”

母亲之恩，也许是越往后越能明白有多深的吧。

我时常关照肩负未来的青少年要好好孝敬父母。不能爱自己父母的人，又怎么可能关爱他人，为社会作贡献、建设和平呢?

对于严格忠告自己的人、始终默默守护自己的人，应该好好地想想他们对自己的苦心，而不辜负他们的期待——人只有通过这样的成长经历，才可能开创伟大的人生道路。

佛法教导我们做人最重要的是“知恩”、“报恩”。对于那些背离这做人正轨的人，贵国传来的佛典严厉地指责为“不知恩的畜生”。

高：我完全赞成您的说法。

在母亲的鼓励下，于1951年5月24日，我以第一名的成绩考入北京人民印钞厂。母亲又叮嘱我道：“你进了工厂，干活不要偷奸耍滑，力气是奴才，使了还回来。要好好地学本事啊!”

我夜以继日地学习、工作，因而先后被授予先进工作者、工作模范、青年模范等光荣称号。

父母的教诲淳朴简单，却始终伴随着我，鞭策着我，使我至今都不敢有丝毫懈怠。

这也是常与池田先生在一起的恩师户田城圣先生的教导吧。

池田：是的。我自十九岁与创价学会结缘后，就投身于和平、文化、教育运动，至今已六十多年，我所有的出发点都源自恩师户田城圣先生。

从恩师那里学习到的思想、哲学是我一切的根本。

户田先生与先师牧口常三郎第一任会长一起，斩钉截铁地反对日本残暴的军国主义，战时虽被关进监狱，但一直坚持斗争。除了户田先生之外，其他人都怕受难，纷纷放弃信念离开了牧口先生。在这样的情况下，户田先生还感激地说："是牧口先生广大无边的慈悲，把我带进了监狱。"

我为他们两位崇高的师徒情结所感动，并决心迈步在同一道路上。我一生最值得自豪的是，当户田先生事业失败、陷于苦境时，由我一个人支撑恩师、彻底守护他，并实现了他所有的宏愿。

为支撑户田先生，我不得不放弃上大学。为此，恩师特别于上班前或假期单独为我讲课。恩师给我讲课始于1950年，今年正好六十周年。直到恩师去世前夕，这课一直持续了八年多时间，教给我万般学问。

户田先生这位领导人，高举生命尊严哲理，为和平、为民众的幸福奋战毕生。没有户田先生，就没有今天的创价学会；没有这位稀世的恩师，就没有今天的我。我把恩师的讲课称为"户田大学"，以表我的感谢。我作为户田大学毕业生的自豪和使命感，一直支撑着我人生的一切。

"师严然后道尊"（《礼记》）。正因为有伟大的恩师，该前进的道路才可能辉煌。也从这意义上来看，我对恩师的感谢是不尽的。

美好的师生情结、教育的世界，这正是要留传给后世的至宝。

高：我有同感。池田先生您也知道：当年中国共产党领导的根据地，都是一些极其贫穷的山区。即使在今天，这些山区仍然是贫困的，不能与富裕的地区相比。我常常想到，这些贫困山区对中国的革命和解放是有贡献的，对中国共产党是有恩情的。这些地方要摆脱贫困还需要时间，但是，有一件事是不能等待的，就是那些山区的孩子的上学问题。我们不能因为贫困而让孩子们失学。基于这样一种报恩的思想，我和中华文化促进会的同仁们推动了一个“山花工程”，为井冈山、太行山、宝塔山、狼牙山、大青山、大巴山、大别山、五指山、沂蒙山……这些贫困山区的孩子们募集学费。

为什么要说起这些呢？因为我从自己的亲身经历中体会到，文化可以改变人的命运，改变地区的命运，改变民族的命运，改变国家的命运。我从一个贫穷的、被迫做童工的孩子，成长为一个中华人民共和国的正部级干部，这个过程，就是一个不断获得文化的过程。我深信文化可以改变命运，所以，在我古稀之年，我仍愿走到山区，关注和解决那些孩子的上学问题。

我经常说：“童工当部长，想都不敢想，全靠党和人民来培养。”是党和人民培育了我的文化力、精神力和道德力，从而使我的命运从低谷走向了高峰。我要把我的体验告诉人们：学习是生命的奠基石，苦斗是命运的救生圈。

池田：高先生不渝的感恩心和体现伟大文化力的人生，让我敬佩。

教育的使命十分重大、庄严。不懈学习的人生充满光明和希望，而且不断进步和成长。

我曾把以下的话赠与创价大学的学友们：

学问是为人的至高道路；
学问是和平与人道之光；
学习是胜利的原动力；
学习是走向幸福之光。

学问是人生的“胜利之道”、“黄金之道”、“光荣之道”、“人格之道”。彻底身体力行的高先生的每一句话都重如千钧。

一边辛勤劳动一边刻苦学习的高先生，年轻时代受哪本书的影响最大？

高：年轻时代，最让我刻骨铭心的书是一本小说《钢铁是怎样炼成的》。这本书写一个名叫保尔·柯察金的俄国青年如何走上革命道路，成为一个坚强的革命者。小说的作者是苏联作家奥斯特洛夫斯基。这本书吸引我，不仅因为主人公热烈地向往革命，而且因为他以极大的勇气经受了一个又一个考验，他坚定、强毅，是那个时代青年人的偶像。很多人认为他是无产阶级的“牛虻”。

我那时的座右铭是：精耕自有丰收日，时光不负苦心人。

池田：《钢铁是怎样炼成的》是苏联时代的杰作之一，是作者的自传。与我会谈过的贵国好多领导人都说，从这本书中学到了“刻苦奋斗的精神”。该书中的以下一节，我曾向青年们介绍过：“人最宝贵的东西是生命，生命属于人只有一次。人的一生应该是这样度过的：当他回首往事的时候，他不会因为虚度年华而悔恨，也不会因为碌碌无为而羞耻。”

人生是为了什么？——能回答这究极问题的人是幸福的人。佛法也是为此而有。没有后悔的人生，我认为从某种意义上来说，是指自觉自己的使命、认真地活着、彻底地奋斗。

在这方面，我们可以从高先生的人生中学到很多。

高先生是伟大的桂冠诗人、书法家、国学家，主编了近年出版的《四书五经全注全译全评》、《二十五史》等。还先后担任国家的多项重要职务，是名副其实的“文化巨人”。

高先生怎样度过勤学的青春时代？请回顾并介绍一下，也作为对青年们的鼓励。

高：由于我文化根底差，心里总怀着“心虚感”、“危机感”、“紧迫感”，总觉得自己如果不勤奋学习，就会被社会所淘汰。因此我只得不断加鞭，在学习之路上马不停蹄地向前进。

当我在工厂夜校攻下了初中、高中的课程后，又幸运地考上了北京市红旗业余大学。这所学校是北京第一所经教育部批准并承认学历的业余大学。在那十几年里，我把所有的业余时间，全部都用在了读书上。

我先后获得了中文系、俄语系、日语系的毕业证书。

这段岁月留下了一些难忘的记忆。1960 年 7 月 1 日，我与林秀珍举行结婚仪式。当晚，我的十几个伙伴来闹洞房，进屋一看，却只有秀珍一个人，便问：“新郎藏在哪里？”新娘秀珍答道：“新郎背着书包上学去了。”

池田：就连结婚当晚还去学校学习，真不愧是勤奋学习之人高先生的逸事啊。您有两个孩子吧？

高：是的，一儿一女。虽有了孩子，但我仍然只顾着埋头学习、工作，很惭愧，我没有尽到一个父亲的责任。当我心脏病突发，生命垂危的时候，曾写过一首诗——《假如我明天死去》，其中写道：

假如我明天死去，
最惦念的是我的儿女。
在那过去的岁月时光，
很少一起去唱歌看戏。
使你们那金色的童年，
少了几分父爱的美丽。

虽然我很少和儿女一起玩耍，但是我却时常引导和督促他们勤奋学习。我学日语时已四十五岁，正担任着团中央书记，恰巧儿子高飞刚从部队复员回来，如我在上回里提到的，我劝他与我一起去夜校学习。有一次，老师让我们父子用课文来对话。当高飞用日语问我“你结婚了吗？你有没有孩子”时，同学们哄堂大笑……

池田：多么温馨的场景啊。高先生勤奋刻苦学习的姿态，相信一定印在了您儿女的心目中。

《诗经》有云：“日就月将，学有缉熙于光明。”不断积累的学问，就是如今依然朝气蓬勃地活跃在文化界的高先生的光源吧。

高：谢谢。当日语毕业考试时，我已调任河北省委书记。我想，我虽然已经有了中文系、俄语系毕业证书，但还要再争取拿一个日语毕业证书。于是我向河北省委第一书记高扬请假，高扬同志同意我回京应考，并送了我两句话：“上书山读遍古今中外，下学海历尽春夏秋冬。”后来，我把高扬这两句话写成书法条幅，装裱后挂在了书房里。直到现在，每当我凝视这条幅，它仍然鞭策我，让我重新下定决心为中日友好而奋斗。

池田：为成就伟大使命的人生，不管年龄有多大，心中总是闪烁着青春之光。只要不放弃学习精神，就能迈步在向上的人生路上。高先生就是榜样。

第三回
“文化大树”扎根于民众大地

池田：每逢到了树木苍翠的这个季节，我都会想起1974年5月底至6月中旬首次访问贵国的情景。所到之处，繁茂的树林绿意葱葱，田园更是绿得苍翠欲滴。植树的确就是等于种植生命。为了未来的青年，我们也将种植栽培一株又一株“文化大树”，使精神绿野更加富饶。当然，这“文化大树”必须林立于世界民众的心灵大地上，必须根植于“民众”。我相信，只有这样，文化才能扩展为真正富饶的和平与繁荣之林。

高：我由衷地表示赞成。民众是文化的土壤，特别是今天，全球已逐渐变成一个“大社会”，成为“地球村”，人民正在成为世界公民。作为生命个体的民众，更容易跨越国籍、政治、民族、意识形态的壁垒，从而进入世界一体化的生活空间。民众将日益发挥重要的作用。

池田：诚如您说的，作为“地球村的世界公民”，现已进入扩展人们精神羁绊的时代，是每一个人都闪烁光芒的时代。1990年5月，我率领二百八十位同志一起访问贵国，那是我第七次访华。其间，在人民大会堂的欢迎宴会上，我在致谢辞中介绍了贵国一位作家邓友梅先生的真实故事。邓先生曾访问过我创设的法国雨果文学纪念馆、东京圣教新闻社，保持着交流。邓先生于1944年日本军国主义侵略贵国的时候，被强迫带到日本山口县一家工厂干活，当年才十四岁。劳动时间长、工作过分严酷，而且日本的男工还每天对来自中国的工人施以暴力。这是绝对不允许的野蛮暴行。据邓先生回忆，厂里的工人基本上都是住在附近的妇女。有一天上夜班，他发高烧身体不适，女同事们就把他藏到车间的角落让他休息一下，但被工头发现，就踢他打他。女工们拼命地保护他，设法让工头离开。后来，有位妇女抱着年少的他哭着说："如果你妈妈知道儿子在外国这么辛酸吃苦，她将多么伤心啊。我儿子也在外国打仗，一想起来真是夜不能眠啊。"邓先生感动不已，此时才知道，这里也有如同故乡的"人"，能够"尊重他人、同情他人、对待他人就像对待自己的兄弟姐妹"。已成为中国当代著名作家的邓友梅先生一直活跃在"活字文化"领域，是"人民大地"一直"滋养"着他。其中，一定包括那些顽强的日本"母亲"们。母爱是没有国境的，从中我似乎看到涓涓流淌在民众大地的"和平文化"源泉。

高：民众是人性的根基，民众是和平的主宰。民众有促进世界和平与发展的义务。这就需要各国政府以及民间组织之间，加强对话与沟通，引导、凝聚全人类的智慧与力量，"创千秋之伟业，开万世之太平"。

池田：我完全赞同。从长远的目光来看，推动时代前进的是民众的意志、民众的力量。纵观历史，则一目了然。每个社会都有民众孜孜不倦建立起来的、宝贵的优秀传统文化和精神。这些多彩的文化是全人类的瑰宝。2001年11月在巴黎召开了揭开21世纪帷幕的联合国教科文组织大会，会上一致通过了《世界文化多样性宣言》。该宣言中指出："文化多样性是人类的共同遗产，应当从当代人和子孙后代的利益考虑予以承认和肯定。”这一宣言转眼将迎来十周年。经受全球化社会浪潮考验的同时，在这多元化的地球社会怎样才能尊重“固有的”文化多样性，将是个越来越重要的课题。

高：是的，坦率地说，全球化浪潮把东西方文化炼入了一个大熔炉里。这对两者都是一种巨大的挑战，又是一个相互学习、借鉴的良好时机。站在东方民族的立场，我觉得，如何在固守民族传统文化的基础上，吸纳、消化西方文化精髓，并构建一种更具有生命力的新东方文化，这应是中国、日本、印度等的东方哲人共同面临的最大挑战。

池田：对，这是个关键问题。人民共享的文化，其传统单位就是“民族”，其定义虽有多种，但民族是让人们自觉到“自己是什么”，即归属意识的源泉之一。民族集团拥有共同的祖先、语言、生活方式、宗教等。最初，同一民族集团共有的价值，自然而然地成为其民族文化。但随着城市国家或拥有更广版图的帝国形成之后，拥有不同价值观、不同宗教的多种民族开始生活在同一国家之中。这里不但有“各民族的固有文化”，而且还诞生了“于国家内部融合形成的文化”，由此促进了文化的多样性。现在，已推广至整个地球，形成新局势。

高：随着全球化与多元化的发展，当今社会，不同的国家、民族、宗教之间，显示出了比以往任何时期更为明显的差异，有时甚至达到了对立的状态。在这样的背景下，哈佛大学塞缪尔·亨廷顿教授于1993年提出“文明冲突论”，指出文化和文化认同成为冷战后国际社会最主要的结合、分裂和冲突模式，并预言“文明的冲突将左右世界的政治”。

池田：亨廷顿理论曾一时席卷冷战后的世界论坛。他发表这论文的那一年，正巧我应哈佛大学邀请前去讲演。亨廷顿教授的“文明冲突论”在当时哈佛大学学者们中间也成为一大话题。他把冷战后的世界划分为七种或八种文明，并主张这些文明之间的对立，将引发世界政治纷争，而其中，“西方文明”与“非西方文明”之间的冲突，最具引发世界大战的危险性。我们暂且不论亨廷顿教授的主张是否正确，事实上，冷战结束后的局面，的确与我们对和平的期待相背，世界各地不断发生地区纷争、国家纠纷，国际局势动荡不安。震撼世界的“9·11”恐怖事件，给人们带来巨大冲击。我虽不赞成，但亨廷顿教授提出的“文明冲突”的确在现实中发生了。我认为必须加以警戒的是，把复杂的因素背景单纯地图表化，反而可能助长文明冲突。

高：亨廷顿教授还认为，西方文明正在没落，西方国家的普世主义与其他文明日益发生冲突，最严重的是同伊斯兰教国家和中国的冲突。他曾执此观点向克林顿政府进言，可见，他的“文明冲突论”并非是纯学术性的，而是更接近于政治上的对策、献策。他的这种理念，实际上代表了以美国为首的西方文明的一种文化立场，其对当今世界格局的分析，虽然有一些独到见解，但实质上却也有为美国当权者制造舆论之嫌。他认为西方文明在亚洲最严重的挑战来自中国，儒家文明是对世界秩序的潜在威胁。这种论调为那些“中国威胁论”者提供了错误的理论依据。“文明冲突论”是以一种倾向掩盖了另一种倾向，用文明冲突的幕布，遮挡住背后存在着的利害矛盾。亨廷顿教授认为，冷战后世界上发生的各种流血冲突，基本上都是文明的冲突。他的观点我不愿苟同，因为它遮掩了各种流血冲突的根本原因，即经济利益和政治意识形态的冲突。

池田：应该冷静地分析世界各地引发纷争的原因。人们所看到的各种“冲突”的背后，诚如您指出的，有经济差距、全球化的负面影响等等导致对先进国家的不满和失信，各种原因错综复杂地掺和在一起。至今我已与拥有不同文化背景的许多世界有识之士对谈，他们分别信仰基督教、伊斯兰教、印度教等，通过与他们对谈，我的确感到现实的结构不简单，个中必定存在着政治企图、利害关系。简单地把“宗教、民族与文明会起冲突”这框架视为各类冲突的前提，并武断地把它套用在现实中发生的诸现象上，对此，我们应该敲响警钟。

高： 是的，美国中东和北非问题的资深学者、哥伦比亚大学莉萨·安德森教授曾明确指出，中东冲突对抗更深层次的根源，不是所谓的“文明的冲突”，而是“事实上，中东动乱不是存在于文明之间，而是其内部的，在与社会试图确定意义及成员的传统之中”。可见，她认为，所谓的文明对立所引起的纷争和暴力，其根源也是构成文明的风俗习惯、社会传统、民族间信念的冲突。

池田： 印度尼西亚的伊斯兰教领袖、和平哲人领袖瓦希德前总统也指出：“伊斯兰教本身没有建议人类发动战争，是人发起战争的，人因宗教之外的理由去战争。”我们常把文明、文化视为一个固定概念，但其内容却好像生命体一样，因时代环境、社会、区域等变化而变化，不能千篇一律地看待其他文明、文化以及那里的人们。因此，相互了解、相互理解对方的文化、相互学习是绝对需要的。从文化相对主义观点来看，人的集团拥有各自的文化，它们之间没有优劣深浅之分，谁也不能否定、蔑视与自己文化不同的其他文化的固有性。

高： 对。我认为，对待“异”有三种境界：党同伐异、求同存异、敬其所异。而“敬其所异”才是最高境界。因为“同则不继”，“异”是社会进步的基因。我们应该善于从“异”中吸取有价值的合理因素。

池田： 我非常赞成您这观点。与我共同出版对话集的哈佛大学文化人类学家耶曼教授也强调指出："要想实现和平的21世纪，就必须把相互理解、相互尊重的精神，从民众层次升级到国家领导人层次去。"这观点，也是曾与我对话的众多有识之士的共同观点。"文明间的对话"是现代世界无法回避的宏大主题。

高： 我相信，随着"文明对话"的深入和国际文化交流的发展，各种文明之间必然会逐步加深了解、理解和谅解，亨廷顿先生的"文明冲突论"定然会不攻自破，取而代之的将是"多元一体"的"文明和谐论"。

池田： 对，我们须通过对话来构筑这样的社会。"对话"不仅起到"知道对方"的作用，也能"知道自己"。能好好地了解自己和他人，就能消除不必要的冲突和怀疑。如果说"冲突"的根源在于"人内心"的话，我相信，解决问题的方式也在于"人内心"的变化，即"解铃还须系铃人"。说起"文明和谐论"，我有一段难忘的回忆。那是1992年在我第八次访问贵国之际，我所创办的东京富士美术馆在北京的中国美术馆举办馆藏品"西洋绘画名作展"。我得知，贵国众多认真学习美术的青年，专程从远方赶来北京观赏，看后都很高兴。当时，因为贵国是首次正式举办西洋美术展，自然对这展览很是期待，称之为实现了具有历史意义的"东西方美的对话"。开幕典礼上，我引用了我的朋友、法国美术史家路奈·尤伊古先生的话：把印象派巨匠莫奈的《睡莲》和8至9世纪的中国绘画相比较，可以发现它们的世界观不可思议地相一致，然后强调指出："与西洋美的邂逅"就等于是"东洋美的再发现"。贵国许多文化人士对此给予了赞同。

高：对，我记得。当时我是文化部常务副部长，因出差而未能出席开幕典礼，日后补看，作品的水平都非常高，对中国美术界、尤其对油画界来说是件大事。

池田：谢谢。贵国英明果断实行的"改革开放"政策已有三十年，随着它的不断发展，贵国与西方文明的对话、与不同文化的对话也都得以深化。

高：我对东西方差异本身不担忧，因为差异是一定能够克服的。但是，人类首先需要一种态度，这就是池田先生所主张的"和平共生"，这是极其重要的，因为这是前提。首先，你要承认这个地球、这个世界是大家共同拥有的，不是你自己的；其次，大家都要活，不能只有你活，让别人活不下去；再次，既然大家都活，就不要你争我夺。人类只要有这样的"和平共生"态度就好办了。哲学、文艺、风俗、宗教、制度尽管不同，皆无大碍。

池田：是非常强劲有力的话语。佛典上通过贵国的故事，告诉我们既不是"同体异心"，也不是"异体异心"，而是要"异体同心"。包括文明、民族在内，在相互尊重各种"体"的不同、相互学习的同时，深层次地共享现在我们所讲的"和平共生精神"，这也与整个人类共步前进的愿望相一致。我的恩师户田第二任会长在 1952 年 2 月，发表了"地球民族主义"倡言，指出大家同是住在地球上的民族，定能超越国家与民族的障碍。当时，东西方处于冷战之中，意识形态相对立，世界动荡不安。从人类的观点来看，户田会长强调每一个人都要自觉到自己是世界民族一员的重要性。他还尖锐地指出，我们必须树立新的思想，即要变革视意识形态或国家为"主"、视人为"从"的支配思想，反过来要树立视人为"主"、视意识形态或国家为"从"的新思想。作为户田先生的门生，我超越文化、民族、宗教的差异，抱着要和对方的人性与心相沟通的想法，不懈地与众多有识之士交流。请问，在东西方异文化间的对话中，高先生认为什么最为重要？

高：在物质文明迅速进步、文化力蓬勃发展的今天，我们应该大力开展“东西方对话”活动。无论是东方首脑与西方首脑、东方哲学家与西方哲学家、东方科学家与西方科学家、东方文学家与西方文学家，都应该开展对话。对话是沟通思想、消除隔阂、同谋发展、共创辉煌的金桥。我也认为对话应当有如下三个基础：一是对话要平等，不能以高人一等的姿态出现；二是分配话语权，不能你自己说，不让别人说；三是有妥协的准备，无适度的妥协，几乎达不到目的。所以，不能霸道。对话的目标是求同，求共识，求合作，求繁荣。然而，要求同，首先就要正确对待“异”。

池田：富有启发性的观点。也可认为，一是“学习精神”；二是“开阔胸怀”；三是“合作精神”。您这番话，使我想起了佛教经典《弥兰陀王问经》。与希腊籍弥兰陀王对话的东方佛教僧侣那先比丘提出建议，即“把王者论改为贤者论”，因为王者论主张“唯一”，如果不服从，就对那人施行“处罚命令”；而贤者论主张“解明、解说、批判、修正”，不会因此而发怒。弥兰陀王接受了那先比丘的建议，深入开展对话。高先生的态度，就是贤者之论。不论生在何处、长在怎样的社会环境中的人种或民族，没有一个人不渴望自身的幸福与平安，任何人都不允许侵害这份权利。我身为祈愿和平的佛教徒、热爱文化的一个市民，时常扪心自问，怎样才能把人人对和平的向往、对幸福的追求变成社会的共同点和人类团结的目标。1991年，我在首次于哈佛大学的讲演（题为《软能的时代与哲学》）中强调指出，在异文化相接触每每引起嫌恶与对立的时代，人们深切要求的是内发性的自我规律、自我控制精神，要做到这点实不容易。在接触到异文化的差异时，被担心已成为废词的忍耐、友情、信赖、爱情之人性的复苏尤为必要。从广义上来讲就是哲学的复兴，我认为佛法的共生思想在这方面能起到重要作用。诚如拉丁语中表达“文化”意义的词汇“Humanitas”，即“人性”。可见，文化本来就与人性分不开，文化是人赖以生存的大地，可以说文化是政治、经济、艺术、社会生活等所有人活动的根基。重要的是应立足于万众生命平等的基础上，相互学习对方的优秀文化、相互提高文化力。我一贯主张，渐进性的、以“尚文”为传统的中国文化，将在引领地球“文化力”发展进步上发挥作用。

高：谢谢。我认为，提升对话水平的关键是加强文化力。没有文化力的对话是枯燥的、干瘪的，是没有含金量的。中国历来就是一个重视文明礼仪、充满伦理道德感的国度，中国文化十分重视人性的教化，要求人对野蛮、破坏本能的克服和对自然欲望的抑制；重精神甚于重物质，重“和”甚于重“争”，重“德”甚于重“智”，重“义”甚于重“利”。中国文化的“尚文”传统为“东西方对话”提供了智慧和可利用的资源。西方思想界像罗素、汤因比等人都曾提出中国文化对世界未来和平发展的重要影响。

池田：汤因比博士在与我的对话中也怀着期待指出，为使人类未来不被毁灭、能持续发展下去，唯一的道路就是和平统合，在这过程中，东亚尤其是中国人将起到核心作用。他说：“中国人在长达数千年的历史长河中，比世界上任何民族都成功地把数亿人口从政治、文化的角度团结在一起。中国人显示了这种政治性的、文化性的统合技术，获得成功，他们有这方面的罕见经验，而当今世界绝对需要的就是这样的统合。”值得大书特书的是，贵国在长达两千多年的历史长河中，于广袤的疆域屡次建设统一国家并维持至今。丰富多彩的文化不但共存，而且贵国在保护各自传统文化的同时，使它们不断得到发展。

高：现在，我担心的是，在经济至上主义的价值观下，全球化的激流可能会把这个世界给并吞，传统文化易遭轻视。不久前，我看了彼得·巴菲特撰写的反映印第安人生活的歌剧《第七把火》，其中有这样一个场面：一条奔腾呼啸的大河从高处倾泻而下，猛烈地冲击着河中的一块巨石。这时，舞台上响起了旁白："绝不能让时尚的潮流，冲走民族文化的巨石。"

池田：它表达了传统社会在全球化浪潮中的危机感。

高：事实上，在经济、科技全球一体化的今天，越来越多的民族开始意识到传统文化的重要性及其所面临的危机。文化是一个民族最为重要的标志，一个民族失去民族文化，就会导致这个民族衰弱乃至消亡。

池田：1999 年美国著名资深记者托马斯·弗里德曼在其著作《凌志车与橄榄树：理解全球化》中指出：把全球化视为一个新的国际体系，把这国际体系的象征即最先进的科学技术与区域特有的传统文化相比较，其实这被视为两个极端的价值观中蕴藏着相互融合的可能性，两者应平衡共存。这是值得我们倾听的至理名言。尽管如此，在全球化日趋深化、土著文化面临淘汰的紧迫感中，怎样保护和光大传统文化呢？就让我们看看 2008 年 8 月召开的主题口号为"同一个世界　同一个梦想"的北京奥运会，凭借尖端科技弘扬传统文化的开幕式盛大无比，特别令我感动的是：2008 人组成的激光"缶阵"进入开幕式六十秒倒计时，缶声一响，灯光闪烁，随着鼓点的不同，光效呈现出不同的造型；身穿五颜六色民族服装的儿童们高举中国国旗，场内奏响庄严的国歌，出现巨大的画卷，舞蹈演员来到画卷之上，用肢体作墨迹描绘山河，表现未有纸张时代的智慧和创造力。现场又展现了中国的"活字印刷术"，多种不同版本的"和"字在印刷板上被依次展现出来。

“和”是和平，是和谐，是世界的唯一目标。

高：谢谢。开幕式展现了中国人的大智慧，向世人传递了中国人爱好和平、创造和谐社会与和谐世界的美好心愿。“和”的理念是东方文化对人类所作出的贡献。我希望“和”能成为全人类的价值取向。中国实行改革开放政策以来，随着人类发展趋势的变化，随着中国国力的复苏与对外交流事业的发展，中国越来越多的有识之士，意识到了传统文化的重要性。近年来，发生在中国社会界、学术界乃至民间的“国学热”、“新国风运动”等等，都标志着传统文化在中国、在东方，已踏上了复兴之路。当然，复兴不等于复古。传统文化仅仅靠守，那肯定是守不住的。我提出了文化事业的“三个对接”，即传统文化与当代文化的对接、中华文化与世界文化的对接、文化资源与文化产业的对接。我们要让中华文化在“对接”中撞击，在撞击中竞争，在竞争中借鉴，在借鉴中融合，在融合中创新，在创新中发展。这是一项很复杂、很细致、很漫长的文化工程，只要很好地实现了这“三个对接”，中华文化就会创造新的辉煌。早在几千年前，中国先人就在《诗经·大雅》中提出：“周虽旧邦，其命维新。”只有不断地剔除糟粕、不断地吸收新鲜元素，传统文化才能焕发出全新的生命力，从而在时代大潮的冲击下屹立不倒。我认为当前文化建设的首要使命，就是实现传统文化与现代文化的对接、融合，并建立起一种朝气蓬勃的新文化。

池田：对，在发挥各自传统文化的过程中，重要的是怎样才能让人向上、让社会不断向前发展。而且，为建设“共生的社会”、“可持续的繁荣世界”，绝对有必要把“和平文化”建设、发展为人类共享的平台。乱世三国时期魏文帝（曹丕）指出：“盖文章，经国之大业，不朽之盛事。”在贵国的传统中，抑制野蛮武力的人性价值为上，而这高层次价值观的核心就是“文化”。我认为，高先生提倡的“文化力”，在文化方面自不必说，而且存在于政治、经济、艺术等一切事物的根底。我想问，中国古代王朝中，若推举一个具有高度文化力的朝代，是哪个朝代？

高：中国是一个有着几千年悠久历史的文明古国，几乎每一个朝代的文化力都曾绽放过璀璨的光彩。贵国的多数学者一般会认为唐朝是中国文化力最发达的时代，但很多中国本土的学者，却未必认可这一观点。在现代中国最有影响力的历史学家陈寅恪先生的心目中，宋朝才是中华文化力最发达的时代。不过，众所周知，宋朝在领土战争中长期处于弱势，因而陈先生的这一观点甫经发表，就招致了大量的非议。以陈寅恪先生如此深厚的国学功底，尚不能作出一言九鼎的结论，我在这里也只能谈一下自己所偏爱的古代王朝。东周列国（春秋战国）时期，是一个被孔子称为“礼崩乐坏”的时代，然而我却对这个时代情有独钟。

池田：一个被称为诸子百家、产生了许多优秀思想家和学说的时代。

高：是的。当时，“天下共主”周天子丧失了以往的权威，各诸侯国的文化氛围都处于相对宽松的状态。一时间，各种思想学说开始在中华大地上诞生、发展，竞相争鸣：有忠君爱民、克己复礼、力振纲常的儒家；有兼爱非攻、重视结社的墨家；有清净无为、修心养性、热爱自然的道家；有重视功利、与时俱进、主张变法的法家……在那个君主专制受到严重破坏（或尚未形成）的时代，这些学术流派自由竞争，各擅胜场，并逐渐形成了文化多元化的局面。可以说，春秋战国是中国古代文化力的黄金时代，几乎所有的传统文化思想（不包括佛教等外来文化），都是在那个时代产生以至成熟的。

池田：关于春秋战国时代，汤因比博士也在他的巨著《历史研究》中指出，它与古希腊共为“创造文明与进步的时代”之典范。

高：秦始皇焚书坑儒，继而又是汉武帝废黜百家、独尊儒术。秦皇汉武所采取的中央集权制度，不仅在政治、军事上确定了帝王的绝对权力，而且还要求全国士民在文化思想上保持高度统一。尤其是汉武帝的政策，直接影响了中华文化两千年。在此期间，儒家文化基本成了中华文化的代名词，虽然这对增进中华民族的凝聚力有着积极意义，但是从另一个角度看，对墨家等的打压，却在一定程度上破坏了中华文化的多元化。

池田：百家争鸣的战国时代，诞生了许多富有个性、独创性的思想家，是世界史上值得大书特书的现象。其理由之一是韩、魏、赵三国取代了晋，至秦始皇统一六国的二百数十年间，中国七雄并立、征战频繁。这七国为了要在政治、经济、外交、军事方面超越他国而积极募集人才、推进战略。人才决定国家的兴衰存亡，因此学问、学派间竞争激烈，接受优秀名将、外交家熏陶的青年不断涌现。人才是瑰宝。时代虽不同，但创造环境培养更多人才、充分发挥新的可能性，是社会发展的不变原则。从这意义上来看，我相信高先生为提高文化力所作出的努力，是为后代能开出更加灿烂的文明之花打下了重要基础。那么，现代世界，除中国以外，您认为哪个国家最重视您所思考的文化力，并让它发挥充分的作用？

高：我认为，当今世界上最重视并最好地发挥着文化力的国家，正是贵国日本。千百年来，日本文化力似乎一直处于上升状态。日本二战后经济濒临崩溃，但却能迅速崛起，成为了世界经济强国。而其背景则是，日本在经济发展中，一直很会利用文化先导力和竞争力引导人们去创造文化品牌，即形成了靠软实力赚钱的经济模式。因此，日本在成为经济大国的同时，也发展成了一个文化大国。例如，被称作“漫画”（Manga）的日本漫画占据了世界漫画市场的60%，在中国也十分受欢迎。还有，在日本对美国出口的产品中，电视动漫出口额更是达到了钢铁的三倍。如今，日本已是一个“文化出口大国”，并步入了知识经济的时代。

池田：战后的日本，一往直前地向着经济大国这一目标努力奋斗。可现在已发生重大变化，处于转折点。七年前，在我与哈佛大学经济学家加尔布雷思博士的对话中，博士也期待着今后日本在提高文化方面的积极作用。他说：“为经济萧条所困扰的日本，必须自觉到下一步该靠‘人生中的真正价值’来填补这空白。日本在物质的生产上已走到了尽头，今后必须发展文化、娱乐，日本肯定会走这条路。”这是加尔布雷思博士的宝贵意见，也成了他的遗言。从这意义上来说，对我们而言，中国是日本文化的大恩之国。汉字、书法、文学、美术等现代日本文化要素的很大部分，都受贵国的影响。我们所信仰的佛法渊源，也是从贵国传来日本。我们不该忘记的是，日本国土狭小、资源贫乏，在持续不断地与邻国中国这个文化大国交流中受益匪浅。这也是创价教育创始人牧口常三郎先生所强调的一点。

高：日本文化发展中值得一提的是，日本分别从中华文化、西方文化中汲取养料，从而促进了日本自己的文化力乃至综合国力的迅速提升。值得注意的是，日本在学习异国文化之后，不断绝自己的“文化之根”，更创造出自己的文化。例如，在世界上第一部长篇写实小说《源氏物语》中，我们可以感受到浓厚的中华文化气息，但它却比中国人的同类小说《红楼梦》早创作了七百多年。日本具有活跃的文化移植力，强大的文化融合力，坚定的文化守卫力。日本人虽然以“维新”、“纳新”、“出新”、“创新”著称，但对民族文化之魂却永不丢弃。我个人以为，“善于学习，勇于创新”，是日本文化力得以迅速提升的“八字箴言”，是贵国文化力的象征。我认为日本文化之所以欣欣向荣，还有一个重要原因，就是日本有一批以池田先生为代表的精通文化力、重视文化力、崇尚文化力、善用文化力的大思想家。

池田：姑且不提我自己，高先生所说的“善于学习，勇于创新”是重要的指针，将成为未来发展的关键。近年，日本也开始使用“文化力”这一词汇。日本政府文化厅正在开展一项题为“文化力计划”的活动，希望“通过文化的力量使日本社会增强活力”。即把焦点放在各个地方的文化特色上，望能由此给当地人带来活力、使整个区域朝气蓬勃、促进建设魅力十足的社会、谋求当地的繁荣和勃勃生机。但文化力不同于 GDP 等经济指标，很难以让人一目了然的状况表现出来，这或许是文化力的特性吧。一些研究人员正在努力使之指标化。

高：文化力在发挥作用时，我认为有三个表现特征，即多元性、渗透性、潜在性。所谓多元性，是指文化力往往以多元化的形式存在。所谓渗透性，是指文化力在各领域，是通过逐渐渗透来发挥作用的，文化力是“润物细无声”的和风细雨。所谓潜在性，也就是人们通常所说的隐蔽性。文化力是一种温和的力量，而不是原子弹那样的爆炸力。文化力会在不知不觉中，从量变到质变，从质变到裂变，当文化力发生裂变后，其威力要比枪炮、炸弹厉害得多。这既是文化力的可怕之处，也是文化力的可爱之处。因而，谁忽视文化力谁就会饱尝苦果，谁重视文化力谁就会尝到甜头。正因为文化力有着多元性、渗透性、潜在性等特点，所以我认为，文化力有显现表象，但却没有显著象征。2002 年，美国美洲基金研究员格拉斯·麦克葛瑞提出了一个“国民酷值”（Gross National Cool）的概念，提议将文化这一无形资产整合起来，纳入国家综合实力，以此作为评价一个国家国力的重要标准。在走向知识经济的现代，我们应该把文化力量也概念化、数据化，从而把无形的文化价值纳为综合国力的重要组成部分。我对格拉斯·麦克葛瑞先生的这一见解十分欣赏。我也在拙著《文化力》一书中，分析了二十一种文化力。

池田：原来如此，那该怎样评价不同国家的文化力呢？您对此又有怎样的考核基准？

高：要衡量一个国家的文化力，大致可以从以下六个方面进行考察。

一、文明教化力：文化力首先体现在对社会各阶层人士的文明教化上。国民良好的礼仪和公德是一个国家、一个民族文明教化力最直接、最重要的体现。

二、知识思考力：考察一个国家社会成员的知识思考力，也是衡量该国文化力的重要标准。我所说的知识思考力，不仅指国民的受教育程度，还包括国民在工作、学习、社交以及其他生活领域自觉表现出来的知识素养与开放性的思考能力。

三、道德约束力：要想让一个国家长治久安，法治只是基本手段，但就社会的良好风气、良好习俗、良好秩序来说，主要还得依靠道德约束力。法律可以控制人们的“不轨之行”，而道德则可以消除人们的“不轨之心”。

池田：每个方面都很重要，都是在建设文化社会中不可或缺的要点。

高：接下来要说的与领导阶层相关：

四、政治导航力：政府是影响民众思想、言行的重要力量。一个重视文化力的政府，往往会通过宣传活动、道德教育、文化生活等形式，来引导民众向着好的方向前进。可以说，政治导航力是凝聚人心的灯塔。近年来，中国政府所倡导的发展观、和谐观，就是政治导航力的成功典范。

五、外交亲和力：中国古代就倡导和谐万邦，友善亲邻。一个国家在外交政策、对外交流中所表现出的国格、国威、国风，体现着这个国家的文化力水平。

六、民众精神力：我在拙作《精神力》中，提出了“精神力是综合国力第一力”，“精神力是文化力的核心”。在我看来，要考察一个国家、一个民族有没有希望，关键就是要考察这个国家的民众精神力。中国历史上有一个著名的盛世——康乾盛世（17 世纪后半至 18 世纪 清朝的康熙皇帝和乾隆皇帝），当时中国的生产力居于世界领先地位。然而，“康乾盛世”的统治者们，却实施了打压文化力、禁锢精神力的政策。结果，仅仅数十年后，中国这个泱泱大国，就在西方殖民者的坚船利炮下不堪一击，迅速陷入了历史上最黑暗的时代。民众精神力的最佳状态是“众志成城”。只有通过民主、自由，让人民真正当家做主，才能解放民众精神力。只有充分发挥社会组织的积极性，解放和完善人的个性，才能使民众精神力像岩浆一样喷发出来。

我认为以上六个“力”，是考核一个国家文化力的基准，也是发展的关键。

池田：这是高先生对贵国以及世界未来的精细分析，是展望未来的倡言。提高文化力，当然有必要从各个方面努力，包括健全法律秩序、发展教育、加强社会道德、建设一个民主自由的社会。而这一切的关键就是您所讲的“众志成城”——把民众祈愿和平幸福的意志凝聚起来，就是改变时代的力量。心理学家弗洛伊德论及，人类为了共生，“多数人”总要比不管是处于怎样地位的“个人”强大，人们应该团结。也就是说，拥有权力的特定人物，是不可能推动社会的。重要的是“把个人的力量转换为共同体的力量”，他说这是“文化决定性的一步”。日语中的“文化”本身也有“以文德教化民”之意。社会要发展，不可没有精神基础，这就是文化力。如今，我们国际创价学会（SGI）已发展至世界一百九十二个国家和地区，以佛法哲理重视生命尊严为基调的运动，从广义上来说，就是文化运动，在各自的区域、社会为提高文化力作贡献。为明确SGI运动的目的和理念，我们于1995年发表了《SGI宪章》，共十条，其中指出：

一、SGI以重视生命尊严的佛法为基调，为全人类的和平、文化、教育作贡献。

二、SGI成员在各国社会作为好市民，为社会的繁荣作贡献。

三、SGI尊重各种文化的多样性，推进文化交流，以期构筑相互理解与协调的国际社会。

SGI自成立至今，转眼已历时三十五年。现在，人类正在探求正确的前进方向，建设“和平文化”而不是“暴力文化”，从“暴力的世纪”全面地转换为“和平的世纪”。现在也是人类实现飞跃的好时机。科学万能论、经济至上主义既不能让“和平文化”开花，也不可能丰富和强化人的精神。因此，现在有必要重返原点、耕耘生命、重振文化，我们愿为此作贡献。

高：在社会发展节奏不断加快的今天，我们这些文化工作者不妨采取敢为天下先的态度，力求为本民族文化的伟大复兴，多尽一份绵薄之力。迄今为止，我还没有做出足以让专家刮目相看的成绩，但最近我聘请了一些文人、学者，拟成立“文化力研究中心”，目前正致力于编写《文化力丛书》，以促进文化力的研究与交流。最近我还在编写另一本小书《新千字文》，我希望《新千字文》能成为《新三字经》的补充甚至升华之作。为实现中国传统诗词的“时代化、精品化、大众化、市场化”，我还加入了“新国风诗歌”的创作行列。只要我们尽力去做了，只要我们把中华文化向前推动了一步——哪怕只是一小步，我们都可以问心无愧，并对得起自己的子孙了！我以这样的心情在做事。不过，我当前最重视的一个文化力项目，就是与池田先生进行“联结地球的文化力”对话。我相信，池田先生关于文化力的独到见解和精辟论述，定会在国际上产生重大影响。历史将会证明，池田先生是一位国际文化力的伟大开拓者和倡导者。我相信，在池田先生以及我们这些文化工作者的努力之下，我们一定可以创造一个和谐的、多元化的国际文化环境，届时，就让我们携手步入世界文化力的黄金时代吧！

第四回
勇敢地开拓“文化大交流时代”

池田： 有史以来规模最大的世界博览会，2010年5月在上海开幕了。继2008年北京奥运会后，贵国的巨大发展再次成为国际社会的焦点。近年，博览会的主题由产业、科技转变为环境等人类所面临着的各种问题。上海世博会正式提出“低碳世博”理念，许多重要措施都有益于地球的未来，备受瞩目。

上海，是我1974年首次访问贵国时到访的城市之一，后来又多次访问。1997年我应中日友好协会邀请访问上海，逗留期间，拜访了上海大学等单位，时隔13年，如旭日东升般发展的上海让我惊叹不已。进入21世纪后，上海的发展势头有增无减，不论是经济发展还是人才教育，名副其实地牵引着贵国乃至世界的发展。

高： 谢谢。许多人都知道上海是一个国际化大都市，但却未必知道上海还是一座文化古城。1 700年前，上海的文学家陆机提出了“诗缘情而绮靡”，并就此开辟了“缘情诗派”的先河。从这个意义上讲，上海堪称中国婉约诗的发祥地。我希望通过世博会，让更多的世界友人了解到这座城市深厚的文化底蕴。

池田： 陆机的这句话，是他著名的《文赋》中的一句吧。文中还写道："精骛八极，心游万仞。"让我感到他的雄心壮志。陆机是三国时代的吴国人，吴国虽不幸灭亡，但他被招到西晋京城洛阳，充分发挥文才。听说上海以世博会为契机，积极整顿史迹。到访上海的各国人民，在感受先进文化的同时，饱享悠久的历史，这是贵国深厚独特的文化底蕴。

高：改革开放以来，中国的文化力乃至综合国力得到了很大提高，在国际上已经占据了比较重要的地位。举办奥运会和世博会这两个世界级项目，从多方面反映和提升了文化力。这两个项目增强了中国人与国际友人的文化亲和力，扩大了中华文化的影响力，鼓舞了中国人民的精神力，加大了文化公益设施建设的推进力，进一步树立了中华民族的文化形象。

池田：想起来，北京奥运会前的2008年5月，发生了震撼世界的四川汶川大地震。处于地震多发国日本的我们也都沉痛不已。大地震后，日本媒体大力报道了胡锦涛主席、温家宝总理亲赴现场指挥救灾活动的情况。从中国各地赶来的众多青年、学生志愿者们抗震救灾的活动情况让我们感动。转眼两年已过，灾区人民克服惨重的灾难和生死离别的痛苦，坚强奋进重整家园，他们多么顽强、多么勇敢。其实，当时在贵国文化部等多方人士的支持下，我们东京富士美术馆正在日本举办"大三国志展"。我不会忘记重灾地绵阳市博物馆王锡鉴馆长专程前来日本，为该展作出很大贡献。绵阳市博物馆也借出瑰宝，王馆长甚至说，多亏借来日本作展览，使得这瑰宝免去灾难。我为他毅然捍卫文化的态度而感动。

高：让您操心了。我们人民团结勇敢地采取行动，在抗震救灾之中，有四个字堪称决定成败的关键，那就是"众志成城"。"志"就是精神力，"众志"就是大家的"精神力"！一时间，"众志成城”成为全中国出现频率最高的词语。全国人民达成一个共识：只有凝聚全民精神力，才能修筑起一座永远不会被摧垮的无形长城，才能战胜灾难，重建家园。可以说，汶川大地震是对中华民族精神力的沉重考验，而抗震救灾的胜利，则标志着中华民族精神力得到了全面提升。地震后，中国人拭去了眼角的泪水，将精神力重新投入到了国家建设之中。北京奥运会的成功举办，神舟七号的“行走太空”，这两件发生在大地震数个月后的盛事，再一次向世人证明，中华民族有着百折不挠、愈挫愈勇的强大精神力！不管怎么说，民族的才是世界的！当中国成为世界焦点之后，中国人更深切感受到了民族文化的重要性。

池田：诚如我们前面所谈到的，贵国的传统文化和精神力的特征之一就是重视“和谐”。在科学技术已取得长足进步的社会，必须提高人的精神力，可以说，只有这样才能保持和谐。高先生曾尖锐地指出：“人类需要精神的升华，需要文化力把我们的精神从物质的、金钱的种种羁绊中解放出来。”我由衷赞同您的上述观点。尤其在发达国家，对货币的无限欲望引起的拜金主义、物质主义猖獗横行，财力、物力重于通过长年累月积累起来的、堪称人类遗产的文化和精神力。被这种只追求利润的经济原理所牵引的社会制度已举步维艰。现在，各国各民族都更有必要尊重各自的文化力、充实精神和思想规范，如今正是深入重审文化力的绝好机会。

高：我国也不例外。改革开放三十年来，中国步入了物质文明的飞跃时代。无论官员学者，还是平民百姓，纷纷把绝大部分（甚至是全部）精力，投入到了经济建设之中。与此同时，大家却忽视了文化力、精神力，并逐渐走向了另一种极端，即池田先生所说的“经济至上主义”。古代中国是一个重义轻利的国度，所谓“君子喻于义，小人喻于利”。孔子的这种观点直到新中国成立之初，还深深地隐藏在中国人的意识或潜意识中，影响着国家的发展。当时，虽然中国社会对传统文化进行了猛烈的批判，可所谓的“斗私批修”、“反对唯生产力”，究其实质，却是传统中国“道德至上主义”的另一种表现形式。由于我们长期忽视物质力，因此付出过惨重的代价。之后，通过改革开放的当代中国，开始走向正相反的路。由于过度追求提高物质力，造成了一个最大的问题，即精神信仰的缺乏。有一位青年诗人曾对我说：“迷信是可怕的，但是比迷信更可怕的是什么都不信。”诚然，“什么都不信”的人，往往会失去精神的导航，最终在人生道路上迷失自我。遗憾的是，一部分人为了赚钱、为了色欲而行使暴力，堕入罪恶深渊。这种道德沦丧、诚信缺失、良心泯灭的人有增无减。

池田：这位青年诗人的呐喊深深烙印在我心中。对资本主义的随心所欲导致的人性丧失（或腐败现象），我在这次世界金融危机发生前就一直担忧着，并在每年 1 月 26 日发表的《SGI 倡言》和其他文章中提出警示。我在今年发表的题为《迎向创造价值的新时代》倡言中也指出，在允许被称为强欲资本主义的欲望无限制膨胀的当今，这种倾向的病根，是缺乏“为了什么”的目的观。另一方面，虚无主义在蔓延，虽然面临着无法挽救的危机，却任其自然。现在，正是让我们每一个人重审一下到底是“为了什么的经济”、“为了什么的发展”的时候。时代强烈要求道德价值观的复兴，宗教可在这方面发挥作用，但这宗教不是所谓的“听天由命的宗教”、不是“跪天拜地的宗教”。这宗教该是实践大乘佛教中所阐明的，要成为社会规范的“菩萨道”。为了能作出发自良心的判断与行动，不可缺少的就是“苦恼、内心的搏斗、踌躇、深思熟虑、决断”这一精神斗争过程。

高：非常重要的观点。人们通常所说的信仰包括宗教信仰、政治信仰、道德信仰三种形式。中国自古以来就没有形成过统一的宗教信仰（这也是中华文化“多元一体”的表现），当然，我们也不能奢望所有国人都抱有高尚无私的政治信仰。所以我认为，当代中国最需要树立和奉行的是道德信仰！不管经济发展到怎样的高度，中国人绝不能扔掉“孝、悌、忠、信、礼、义、廉、耻”这八个字。随着时代的进步，我们可以对这八个字进行选择性的诠释（譬如，可以把“悌”解释为友爱，把“忠”解释为爱国、敬业），但是从本质上来说，这八个字所具有的精神力，却适用于古今中外包括日本在内的任何一个国度。“明人伦，孝第一。”21世纪的中国尤其应该强调一个“孝”字！当前中国已步入了老龄化社会，一旦孝道被人们抛弃，忽视知识力、精神力、道德力……也就是说，如果我们忽视文化力，那么我可以断言，在不久的将来，我们还会吃到更大的苦头！

池田：这是高先生正视社会现实的尖锐指摘。您对中国传统的“德行”的灵活解释，正是现代社会所渴求的卓见。您现在列举的八个字的德行，很容易在佛教中找到与之相通的伦理性。例如“孝”，在《大乘本生心地观经》中指出：“依慈父悲母长养之恩，一切男女皆安乐也。”以此强调父母之恩的重大。日莲佛法教导：“成人而信佛教，须思先报父母之恩。”劝世人要把对父母的孝敬视为第一。日莲佛法中还提到贵国周朝始祖文王“善养老者”而使末裔长荣的故事。诚如高先生所言，针对现在快速发展的老龄化社会，这可是闪光的智慧。

有部原始佛典叫《教诫新嘎喇经》，详细记载着释迦牟尼对新嘎喇居士子的教导。例如，“对朋友要竭诚尽力（悌）”，“要不顾寒暑、不顾事情的大小履行人的义务（忠）”，“要舍去狂言等肮脏言行（信）”，“要尊敬师长好好学艺（礼）”，“要持戒（义）”，“不要因贪欲而误入邪路（廉）”。

就“耻”，《大般涅槃经》中指出：“惭愧救众生苦。”“惭愧”之德，即为自己、为他人感到羞耻的“耻”之德。

总之，不论是社会还是各自的人生，每一个人怎样在现实中体现上述的德行，是当务之要。贵国也正在对传统文化作出重新认识。高先生指出："文化的力量，深深熔铸在民族的生命力、创造力和凝聚力之中。文化力是文化活动的引擎，它把一个民族、一个国家文化活动的物质成果和精神成果，凝聚成永恒的民族精神。"在中国历史上，有没有文化力促成民族团结的典型事例？

高：中华文化是一种多元一体的复合文化，中华民族是一个古老而又新兴的民族。中华民族不仅包括汉族，而且还包括满、蒙、回、藏等五十多个少数民族成员。曾经有人戏言，说福建人与陕西人之间的差异，远远大于英国人与法国人之间的差异（笑）。诚然，在古代，一个没有文化的南方人，是无法与北方人进行沟通的（明清笔记中，常有这种记载）。然而，从古至今福建人与陕西人都没有对自己的中华儿女身份表示质疑。因为无论是福建、陕西或是其他省份的文化，都自觉地归属于中华文化之下，都使用着同一种文字——汉字。由此可见，文化力是维系民族团结的核心力量。相反，在处理少数民族问题时，如果忽视文化力的作用，就会造成意想不到的问题。

池田：非常重要的观点。在前面的对谈中我们已经提到的心理学家弗洛伊德，与物理学家、和平主义者爱因斯坦以"能否把人从战争这一桎梏中解放出来？"为主题进行书信交谈，已成佳话。弗洛伊德的结论是："促进文化发展，就能使战争走向终焉！"（《人为什么要发动战争？》）绝对相信"文化力"的弗洛伊德认为，"高度的精神活动"是最恰当的文化力特征。当然，修整河流、交通等等，能够提高生活水准、提高文化力的评价，但借用弗洛伊德的话，如果一个国家能关注、乃至仔细地关注类似"对人没有什么好处、有时甚至是全然无用的事情"，那就表明这个国家的文化是兴旺繁荣的。例如，"美"、"清洁"。城市的某公园内设有花坛，民宅的窗边摆放着鲜花盛开的花盆，弗洛伊德认为，这光景就是“文化力”的体现。能很自然地关心这些看上去与人的生活没什么利害得失关系的日常生活细节的人，是精神丰裕的人。精心栽培花卉、设法美化街道的人，不会轻易做出伤害他人的行动等。

高：我有同感。在刚才我们讲到的汶川大地震之中，也发生了与此相似的情景。一位人民解放军在救灾中，从废墟中救出一盆花。在那无比悲惨的背景下，这举动着实令人感动。我视之为“文化力”的一种表现。

池田：不管在怎样的情况下，爱惜“花卉”的心不变，这就是人之坚强的表现，就是文化力。我想起了另一件往事，1992 年我访问了土耳其安卡拉大学，勒德特·赛林校长夫人在百忙之中亲自用各种鲜花布置我作讲演的会场。在深感这份真心的同时，我强烈感受到，对人的关怀是不分国家、民族和语言的，关怀把人与人的心连接在一起。可以说，这也是文化力的发现吧。

高：是的，“文化力克服危机”的事例可谓比比皆是，数不胜数。我还在共青团中央工作时的一段亲身体验让我记忆犹新。“文革”之后，中国社会的“新道德观”还是一片空白，道德危机引起了人心的混乱。一时间，道德类案件的犯罪率直线上升，尤其是青少年犯罪率更是在短短两年之内上升了一倍半！这也引起了国外媒体的关注。南斯拉夫的报纸认为：“如果不采取措施，中国青年有可能成为垮掉的一代。”而美国的报道更是直截了当地作出“预言”：“中国将会出现毁灭的一代。”当时，一位老工人写了一封信给我，信中用一首打油诗表达出不知何时会遭遇盗窃抢夺的不安心情。在信的末尾，他还写了一句令我至今难忘的话：“救救孩子吧！”

池田：真是万感交集啊。我也通过与巴金先生、常书鸿先生等很多友人的交流，了解到当时大家的劳苦和忧心。然而，大家的共同心愿就是“希望下一代能活在一个好时代”。三十年前，我在日本静冈迎来巴金先生，我们畅谈的焦点之一就是青年。巴金先生对前来欢迎他们的中学生们深情地说：“青年是人类的希望，中日两国青年是我们两国的希望。我们必须世世代代友好下去。我们为中日友好所做的一切，也都是为了你们大家，和为了中国青年。”

高：对，我们必须保护和培养青年这国家之宝。因此，面对这种情况，我组织宣传部的同志一起调查研究。终于，我们作出了一个在当时看来似乎有些大胆的决定——从传统道德中汲取养料，借鉴“三从四德”，提出“五讲四美”，以树立新时代的道德规范。五讲四美的具体内容是：“讲文明，忌野蛮；讲礼貌，忌傲慢；讲卫生，忌污染；讲秩序，忌散漫；讲道德，忌空谈。心灵美，无邪念；语言美，无脏言；行为美，做典范；环境美，建乐园。”1981年2月，在宋任穷同志的支持下，我们组织了中华全国总工会、共青团中央、全国妇联、中央爱卫会、全国学联、全国伦理学会、中华语言学会、中华全国美学学会等九个单位，决定联合开展“五讲四美”宣传活动。这场活动在全国各地迅速掀起了热潮，无论城市还是农村、机关还是企业或学校，“五讲四美”的新风正在涤荡着人们的心灵。

池田：原来如此！为把传统道德的精华活用在现代社会而制定新的道德规范，我对高先生的努力深表敬佩。“五讲四美”洗涤了“三从四德”传统儒教伦理中的封建思想，作为崭新的道德观引导现代中国人。孔孟思想、朱子学等儒教道德，也都传入日本。而且，印度佛教也经由中国，在与儒教、道教等的交流中作为中国佛教传入日本。其中有许多作为“戒”的道德规范。例如，原始佛教“八正道”中的“戒”，讲到“正见”（正确的见解）、“正思”（正确的思考）、“正语”（正确的言词）、“正业”（正确的行为）等。为树立现代日本或人类的伦理、道德规范，至今我一直努力广泛推展佛教、儒教中论及人的伦理思想。围绕环境、教育、和平等问题，我提出了必须以“生命尊严”为根本的人类伦理，因此，我能理解高先生的苦心。作为我活动的一部分，我曾赠与肩负未来的青年们的实践伦理，与高先生的“五讲四美”有不谋而合的相似处。那是1968年，日本教育界混乱不堪，我创办创价学园，以期实现理想的教育，在开学典礼上，我为学园学生草拟了五项实践指针（校训）：

一、成为追求真理、创造价值、兼备智慧热情的人。

二、不给他人添麻烦、对自己的行为负责。

三、亲切待人、彬彬有礼、反对暴力、重信赖与协调。

四、堂堂阐述自己的信念、为正义而勇敢行动。

五、积极进取、立志成为光荣的日本和世界领导人。

然而，三十年后的1998年，值得忧虑的是日本教育界的“欺负”、“暴力”等现象不断增加，我又提出创价学园必须尊重的“五原则”：

一、生命尊严。

二、尊重人格。

三、加深友情、贯穿毕生。

四、反对暴力。

五、兼备睿智、智慧的人生！

前后两次的内容，都是希望能给肩负未来的创价学园生指明正确道路，殷切期望他们能成为混乱不堪的社会的榜样。可喜的是，这一创立精神已成为学园的传统深深扎根，超过两万五千名的毕业生已活跃在世界各地。

高：提出“五讲四美”后，我更加用心关注青年。令人欣慰的是，广大青少年的精神面貌发生了可喜的变化。以往用强制打击所无法降低的社会犯罪率，终于在道德春风的沐浴中降了下来！实践证明，“五讲四美”活动，是“文化力化解危机”的经典！之后，由于种种原因，“五讲四美”活动逐渐中断了。2008年，当改革开放迎来了三十周年诞辰，我又一次在我的新著《新三字经》中，提出了“五讲四美”。我相信，在我和大家的努力之下，“五讲四美”的精神，一定会重放光彩！“五讲四美”的歌声，一定会重新响在人们的耳边！

池田：根据近年的报道得知，贵国的一些工厂重新提倡“五讲四美”后，工人在礼貌等方面得以改善。高先生的心愿已深深刻印在人们的心底。听高先生的述说，我能体谅到在您长年从事文化事业的过程中，一定碰到许多不为人知的逆境和困难。

高：要做一番大事肯定会有很多困难相伴的，池田先生不也一样嘛。如果就说我的话，在文化部任职期间，曾根据国家精简机构的要求，解散了文化部下属机构——“少数民族文化司”。这一消息很快在许多少数民族地区炸了锅，随之，各类抗议像雪片似地飞到了我的案前，上访者络绎不绝，有些少数民族同胞愤怒地对我说：“如不恢复，我们少数民族地区就联合起来向中央告状！”矛盾、危机一触即发。我思前想后，认为该用文化力这个“软办法”来解决这个问题。因此，我开始与上访者进行对话，并宣布几点声明：对少数民族文化工作实行“三优先”，即文化投资优先、文化设施建设优先、对外文化交流优先；为少数民族地区开展文化活动提供一些财力、物力支持。这些实实在在的政策，使得少数民族同胞很满意。这次谈话后，我因走夜路摔了一跤，把大腿的股骨颈摔断了，可我等不到完全康复，就拄着拐棍到少数民族地区去抓“三优先”的落实情况了。随后，我便安排西藏、新疆、内蒙古、云南等少数民族地区的文艺团体出国演出、访问。

于是，一时高涨的民族情绪，在文化力的作用下完全平复了。危机变成了生机，矛盾变成了团结。在少数民族文艺汇演中，我欣喜地听到大家在舞台上同声歌唱：“五十六个民族五十六枝花，五十六个兄弟姐妹是一家。”尽管如此，中国当前的精神力建设却还处于一种不自觉的，或是民间自发的状态。在日常生活中，我们很少听到“民族精神力”或“民众精神力”这类旗帜鲜明的提法。至今，我已到很多地方呼唤“精神力时代”的到来，虽然也得到不少人的认可，但却远远没有达到效果。通常而言，在中国，只有用红头文件发布下来的指示，才能引起各级官员的重视。我没有权力发布红头文件，但幸好我还有一支秃笔，于是我便全力去撰写我的新作《精神力》。

池田：您为实现远大理想的努力奋斗让我感动，您为拥护文化而作出的不懈努力，定将成为贵国精神文化的黄金柱而光芒四射。

高：哪里，哪里。的确，中国不仅在文化方面，也在经济上取得了很大的发展。但现今中国的一些干部，他们把精力都用在了经济建设上。当精神力与物质力严重失衡之时，这些人非但没有察觉到即将面临的“翻跌”风险，而且还继续往失衡的天平上添加偏重的砝码。在我看来，这是一种潜在的危险，甚至是一种可怕的文化现象。这种现象绝对是提高民众精神力的一大障碍。要克服这种障碍，是艰难的，但又是急需的。

池田：去年12月，前苏联总统戈尔巴乔夫在与我会谈时指出：“金融危机让我们看清一个现实问题，即我们人类必须改变至今的人生观，必须树立新规范和新秩序。”当今领导人面临的现实就是探求建设精神文明。当然，在眼下高度物质文明狂潮汹涌翻腾的地球社会，如果没有能够掌握现实的好舵手，就不可能守护民众，也不可能得到民众的支持。而且，如果没有丰裕的精神和正确的判断，在不久的将来，失败将无法避免。眼下最需要的是在物质力、精神力两方面有平衡感的领导人。

高：领导者应该明白，只有不断调整物质与精神之间的平衡，才能使社会和谐健康地发展。物质和精神只要有一边出现问题，那么另一边也将无法正常发挥功能。当代中国的学者们，应该从哲学的、理论的角度，来高度论述经济至上主义的危害性和精神物质失衡的危险性，以形成更多人群的共识。

池田：在物质与精神过于失衡的当代，必须大力复兴精神文明，来引领物质文明。在这方面，以汤因比博士为首的众多有识之士，对东方智慧寄予很大期待。为回避当今的危机，我认为不光是领导人，而是高先生所讲的“众志成城”——大家齐心前进尤其重要。为让民众前进在更加健全的方向，能提高精神力的“民众启发力”将越显重要，而且“民众启发力”也将成为培养下一代领导人的土壤。“教育”就是“民众启发力”的手段。诚如人们常说的“十年树木，百年树人”，只有培养人才，才能开启人类的未来。从师户田会长的青年时代的我当过少年杂志的主编，曾撰写瑞士教育家裴斯泰洛齐的传记。裴斯泰洛齐指出：“我了解民众，当他们正确理解到自己的努力能给自己或周围的人们带来实际的帮助时，他们就会不辞劳苦、不惜牺牲地去做。”“当向自己周围人祝福的喜悦也带动起自己的时候，即便是力量有限的村民，也都会欢欣雀跃不怕牺牲地为实现所有宏伟目标而行动。”对，只有在民众中才有改变现实的智慧。因此，我对高先生的慧眼，即民众精神力是改革的关键表示由衷的赞同。

高：谢谢。民众精神力宛如滔滔河水，用堵截的方式去控制，肯定是无济于事的。我们应该充分释放、疏导、组织、发挥民众精神力，从而使之成为建设和谐社会的积极力量。同时，我们还要不断汲取忽视精神力所带来的严重教训，以往事为鉴，从而提醒自己不要再犯类似的错误。

池田：对，教育、文化工作者发挥的作用非常大。我们创价学会先师牧口常三郎首任会长，在发生日俄战争的20世纪初叶就指出：发扬国威，不是靠“军事竞争”、“政治竞争”、“经济竞争”，而是应该致力于“人道竞争”。这与高先生的理念“全球化时代是文化竞争的时代”、“硬实力可以看作是物对物的比拼，软实力可以看作是人对人的较量”不谋而合。

高：如您所说的，21世纪的竞争是科技的竞争、人才的竞争、文化力的竞争。回首往事，80年代我刚进入文化部时，就提出了文化市场化的战略意义。我认为应采用或创造一些适应新时代的新概念，如“文化市场”、“文化资源”、“文化经营”等。我认为文化不应置身于市场经济的大潮之外，我们应该提倡文化竞争观念、文化经营观念。我的想法一经提出，也遭到了一些批评，但现实已进入这样的时代。在文化力竞争的时代，一个文化力贫乏的国家，即使拥有得天独厚的自然资源，物质水平暂时位于世界前列，也必然会在未来的竞争中惨淡收场。文化力也是决定企业与个人成败的关键力量。无论是国家，还是企业、个人，在文化力竞争时代，都必须摈弃急功近利的态度，使文化力与物质力并驾齐驱、平衡发展。只有这样，才能在未来的竞争中立于不败之地。个人以为，一个国家至少要做到以下几点，才有可能在文化力竞争时代占据一席之地：首先，诚如池田先生所强调的“教育”——应将传统的应试教育转化为文化力教育，培养创造型的人才。同时，调整对综合国力的审视标准，树立正确的文明观与价值观。要把精神文明与物质文明放到同样的高度。在“以经济建设为中心”的同时，还要“以文化建设为灵魂”。

池田：很重要的观点。在创价大学开校之际，我提出的建校精神中，就有要把创价大学办为“建设新文化的摇篮”，提倡培养“创新人才”。同时，我一直呼吁要建设一个“忠于教育的社会”，教育必须是让人的创造性和全部能力开花的教育，而且要让这种教育根深蒂固。我相信这是时代的要求。

高：还有，要以开放式的态度，平等对待各种不同的文化，如传统文化与当代文化、中华文化与外来文化、汉文化与少数民族文化。倡导文化多元化，鼓励不同文化之间进行交流、接触、融合、发展。鼓励文化艺术结社及民间文化交流也很重要。

池田：我有同感。不同文化间的相互接触、相互尊敬、相互合作、相互学习对人类十分有益。我创办的民音（民主音乐协会）自1979年至1997年举办了“丝绸之路音乐之旅”系列演出，邀请各国艺术家同台演出，参加的有共计来自二十个国家的音乐家、舞蹈家、演奏家。其中，1985年举办的第四次演出，贵国与苏联的乌兹别克共和国、土耳其的艺术家们超越政治立场同台公演，在日本二十六个城市演出了三十场。三国的艺术家们，起初需通过翻译进行各种商议，可不知何时起，竟然不需要翻译，以音乐为媒介面对面地交流。一旦共同演奏，就仿佛是同乡好友般的融洽，且不忘相互学习。演出很成功，而且是场重友情、重合作的舞台。那年的全日本演出，乌兹别克的艺术家们没能进入有美军基地的冲绳。但十二年后的1997年，当年乌兹别克的团长再次参加民音举办的第十次“丝绸之路音乐之旅”，他终于首次访问了向往已久的冲绳，实现了与当地人民感动无比的交流。他说：“政治，在某种意义上可说是暧昧不明的，而音乐，只需五分钟，就能把人们的心联结在一起，因为音乐能触动人心。在最困难的时候，艺术能帮助人，成为人的精神支柱，人生也一样。从这意义上来说，我为创造祖国文化、艺术的先人们而自豪。”

高：很有同感啊。我也屡次组织代表团出国访问，但我更注意通过个人创作的诗、书、画、摄影等作品来开展“文艺外交”。1995年5月，中国访美代表团将我的书法集赠送给了美国前总统布什、卡特，前国务卿基辛格。他们三人分别给我写了复信，在信中，卡特先生表示：“您精湛的书法艺术，令人赏心悦目，能有机会让我共享您的造诣，更是不胜感激。”我陡然发现，书法艺术居然包含着那么强大的文化力，书法除了具有实用价值、经济价值、审美价值外，原来还有着外交价值。我不禁为之而骄傲，为之而吟唱。正是：

平生意气付毫端，
欲遣龙蛇上九天。
小小砚池通海外，
五洲何处不投缘？

池田：艺术能联结人与人，能悠然地超越国境——书法也具有这种伟大的力量。我虽是外行，但自青年时代起，就应朋友们的要求而挥毫。一个字、一运笔之中能够表达自己的心情，书法实在是贵国、日本引以为豪的艺术文化。在上次的对谈中我们也已谈到，随着90年代东西冷战的结束，世界发生了巨大变化。在对文化交流高度期待的同时，全球化急速发展的当今又产生了新的忧虑，即对一种文化席卷整个世界的“文化帝国主义”的警惕。其中，全球性的“资本主义文化”并吞着各国文化的事实尤为显著——从服装到食品、音乐、习惯——所有的事物被“单一化”，不论走到世界的任何角落都能找到同样的东西。诚如奥地利哲学家维特根斯坦在《反哲学的断章》中指出的一样，“一种文化的消失，不等于人的价值的消失，它只不过是消失了表现人的价值的手段而已”，承担传统文化之“人的价值”是不变的。尽管如此，被继承下来的宝贵文化的消失，令人担心是不是关系到人性的衰弱。另一方面，也有一些社会对外来文化采取极端的封锁政策。时代要求我们探索一个健全的促进与异文化交流的方法。

高： 我从事文化工作三十余年，从来没有遇到像池田先生这样，郑重其事地向我提出“异文化交流”问题。刚才我们讲到文化竞争时代，当竞争发展到恶性状态，就会出现侵略。在 20 世纪，强势国家对弱势国家相继进行了军事侵略与经济侵略，我不希望 21 世纪再出现文化侵略。现在有些国家对外来文化采取封锁政策，究其根本，应该是出于对“文化侵略”的防范和抵制。尽管这些文化弱势国家的行为无可非议，然而，纵观人类历史，又有哪一个在文化上自我封闭封锁的民族，最终能够独善其身，避免异质文化的冲击呢？民族文化并不是独立发展的，旧文化不会自发地进化成新文化。通常而言，只有在两种以上文化的相互撞击、相互交流、相互砥砺、相互融合中，才会产生新的文化结构和新的文化形态，才会使文化向更高层次、更高境界的方向发展。几千年来，中华文化、希腊文化、印度文化、古罗马文化、伊斯兰文化以及阿拉伯文化，都是在与异质文化互学互融中创造辉煌的。至于健全的异质文化交流，我认为保持民族文化自信、汲取异质文化精华尤为重要。应该充分运用“文化扬弃力”理论，即发扬旧事物中的积极因素，抛弃旧事物中的消极因素，这样，就能顺利有效地推进异文化的交流。

池田： 的确如此，文化扬弃力不愧是认真摸索如何才能保护传统文化的高先生得出的理念。对照传统文化的形成过程，它很合理。去年，被称为“结构主义之父”的法国的列维·施特劳斯百岁辞世，这位人类学巨匠极力批判彻底的文化相对主义与西欧文化中心主义。他在《人种与历史》中就各种文化的关系性断言：“文化的差异，与其说是各集团孤立的结果，还不如说是连接各集团的各种关系的结果。”“任何文化都不是单独的，它存在于和其他文化的提携之中。”英国文化社会学家约翰·汤姆林森就文化帝国主义的危机和多元化连带的可能性分析指出：“文化不是单纯地、笔直地在传播。文化、地理领域间物质的移动，总伴随着解释、翻译、变形、改写和‘土著化’。”一听说文化帝国主义、资本主义的支配，人们就会开始估量自己与对方，谁是“影响他人”的一方，谁又是“受影响”的一方。其实，每一个国家、每一个民族、每一种文化都具有两面性，可以说都站在创造、诞生新文明的立场。

高： 从这个意义上来说，主动投身于异文化中也很重要。我在文化部外联局工作期间，曾带着文化艺术代表团，相继访问了日本、法国、泰国、朝鲜、捷克、罗马尼亚、南斯拉夫等国。当眼界开阔后，我的思路也豁然开朗。其中，我印象最深的一次对外文化活动，是在印度举办的中国文化节。众所周知，莲花是印度的国花。印度人民自古以来就对莲花情有独钟，他们把莲花看成是廉洁、纯净、神圣的象征，并且称莲花为“神花”。我们每到一处，主人总是向我们赠送带有莲花图案的纪念品。

池田： 是嘛，除了印度，贵国、日本等东亚国家，还有中东和近东、欧洲等地，自古以来也都视莲花为重要的象征。埃及的国花为水莲，欧洲视之为“纯洁”的象征。在印度，莲花主要指红莲和白莲。其他还有青莲、红白莲、甚至还有红白青莲。在印度自古就特别受重视的古印度史诗《摩诃婆罗多》中也提及莲花。在各种莲花中，白莲花在佛法上被誉为不被烦恼（恶心）污浊的清净的佛之生命、法性。中国的天台大师（智顗）解说，莲花是花果同生，所以被视为“因果俱时”的象征，即所有人的生命（因）中都具备佛之至尊生命（果）。《妙法莲华经》教说因果法则，因此以莲花来比喻其法门。天台大师的《法华玄义》中又指出：“法华法清净。因果微妙。名此法门为莲华。”

高： 真是意义深远啊。印度人民对莲花的热爱，激发了我当时的创作灵感，我当即写下了四首荷花诗。没想到，我的灵感居然有一发不可收拾之势。回国后，我又连续创作了五百首咏荷诗，并配上五百幅自己拍摄的荷花照片，出版了《咏荷五百首》，并获得了大世界吉尼斯纪录（笑）。在主动学习异文化中，我深深地感受到：要树立世界观，首先就要观世界。我时常在想，如果我没有去印度，可能就不会有那么热烈而又持久的激情来咏荷。

池田： 高先生的“咏荷”介绍，使我想起一段著名的佛典《梵天劝请品》。在今年1月26日发表的“SGI倡言”中我引用了该品，以表达开悟后的释尊内心的纠葛。该品描述当时释尊眼中看到青、黄、红、白的莲花。而各种莲花，有在水面上开放的，也有离开了水面亭亭地开放的。在这个比喻中，水意味着烦恼（恶心）的泥水，在水面开放的莲花意指仍处于被泥水污染的状态之中；露出水面亭亭而立的莲花，表示已经摆脱了烦恼之泥（恶心），开出了清净的菩提（善心）花。这里告诉我们，人的心也一样，有的被世间烦恼所污染，有的已经发现了清净的伦理、道德。释尊洞察到人心中的种种样态，开始说讲“不死法门（佛教）”。一切经中最高的经典《法华经·涌出品》里提到“如莲华在水”。从结论而言，莲花出污泥而不染，开出洁美的鲜花，借以教导世人，只要信奉实践妙法，就能让我们每个人胸中的佛界这至尊生命发射光芒，就能在如泥沼的现实社会中开出“清净幸福花”、“繁荣花”、“和平花”。我认为这将具有净化黑暗世界的意义。总之，与新文化交流，总能改变我们的成见，给我们带来新气息。即使在日常生活中，与他人的交流也很重要。日常中接触的每一个人，都有各自的个性、经验和人生背景。有的人的想法与自己迥然不同，有的人非常固执己见，对他人的意见一点也听不进。情况千差万别，关键在于积极交流，只有这样，才能使自己坚强和充实起来。

高：对，通过交流，我们可以化他力为我力。我在文化部工作时曾提出：对外文化交流胆子可以再大一些，渠道可以再多一些，步子可以再快一些，手续可以再减一些。我们要相信我们的民族文化有着强大的竞争力、自洁力、同化力。在与异文化交流中，能促使本民族的文化力更活跃，更富足。

池田：在全球化不断推进的现代，事实上已无法避免文化间的接触。因此，不要成为被动者，而是要如同高先生所提倡的那样，必须大胆、广泛、迅速、勇敢地开展文化交流。在文化竞争中，能发现各个文化所拥有的自我革新的力量。从这意义上来说，在可谓文化大交流时代的全球化社会的今天，不论是在促成多样性文化的活跃方面，还是在扩展立足于人类共通基础上的相互理解方面，都可说是一个很好很大的机会。可以说，我们适逢生活在建设新大文化的摇篮时代。

第五回
东方的诗心 汉字的魅力

池田：文化、艺术工作与政治、经济等相比，会显得较不显眼。但政治、经济易倾向于权衡力量与利害关系的论理。创造和欣赏文化、艺术会令人感觉到生存的喜悦。重视文化、艺术的社会是最富有人性的理想社会。

高：之前我也讲过，1983年后在中国社会的巨大发展中，我认为“文化不能成为经济的附属品”、“文化应该占据比以往更为重要的地位”，虽然我的观点受到种种批评，但我仍然反复提倡“文化先导力”、“文化力”观点。怎样才能让一般民众在日常生活中切身地感受和体现文化力，可谓切中时弊，发人深思。尽管文化力对于人类来讲，就像空气一样，须臾不可离。但在现实生活中，有相当一部分人并没有感受到文化力像电力、水力以及“柴米油盐酱醋茶”那样与自己是息息相关的。所以我们必须了解民众的文化品味，满足民众的文化需求。

池田：对。过去，我的恩师户田城圣先生一直对我强调文化的重要性。在战争刚结束后的艰难岁月，他展望未来，特别强调文化应面向民众的重要性。户田先生曾严肃地说：“让民众把自己的教养置之于外，而被一部分文化人牵着鼻子走，这可不该是文化国家的现象。”继承户田先生精神的我，一直在探索文化国家、文化世界的模式，创建了几个文化团体。先看音乐方面，民音（民主音乐协会）已发展为世界著名的音乐文化团体，现已与一百多个国家开展国际交流。半个世纪前，在我的建议下，创价学会成立了“音乐队”、“鼓笛队”。当时，有多位少男少女还是第一次触及乐器，我一直明里暗里地支持他们，而今，他们已在各类比赛中荣获全日本第一等好成绩，并且已发展至世界约三十个国家和地区，文化的波浪在不断地扩展着。壮年、妇人、青年男女、儿童各部的合唱团也在各地开展着丰富多彩的音乐活动。一平民、一青年，在工作、学习的同时，在从事家务、养育孩子的同时，通过文化活动给人们送去勇气和希望，惠泽社区、照亮社会。通过这样的挑战，不断培养出一批又一批的和平人才。

高：大家非常活跃啊。诚如户田先生、池田先生所说的，必须把受民众欢迎的文化推展下去。

池田：我第一次访问贵国的那年秋天（1974 年），中国中央乐团来日本举行了富有历史意义的巡回演出。该访日团的团长就是后来担当周恩来总理与我会见时的翻译的林丽韫女士。我们见面时，林丽韫女士说：“我们的团员要与农民边劳动边演奏、以为人民服务为目标，深入工厂、渔村去巡回演出。所到之处，观众都很有礼貌地来听，但当问起‘下次我们什么时候再来好呢’，得到的回答是‘不必了’。如果是打动人心的音乐，那该是百听不厌的。团员们认识到‘我们的音乐还不行啊’，拖着沉重的脚步继续巡回演出。他们就是通过这样的锻炼挑战，创作出深受人民喜爱的音乐。如今他们已得到成长进步，能在数万观众面前举办演奏会。”林女士还回忆说，要做到深入人心，实在不是一件容易事，并总结说：“关键是心啊。”对，我也这么认为。无论做什么，唯有认真对待，否则不可能取得胜利。要建立真正的信赖关系，就必须认真奋斗。“真诚”二字的背后，是“鞠躬尽瘁”的奋斗。

高：以我创作的《新三字经》为例，这是一本“文化启蒙，人生励志”的小书，全文一千四百一十六字。我写该书时，努力把古代传统美德与今天的时代精神结合起来，把知识性与趣味性结合起来，让它更贴近当代民众生活。我苦思冥想，采用“旧瓶装新酒”的方式，即大家熟知的《三字经》文体，前前后后，一共修改了四十一次。中国人民大学出版社的贺耀敏社长说道：“这是一部现代白话三字经、时代精神三字经、和谐社会三字经。”时至今日，《新三字经》的发行量已达到四十余万册，并且还与多种艺术形式相结合，走向人民大众。

池田：《新三字经》的反响，我也知道。《三字经》本是中国古代的儿童识字课本吧，在背诵三个文字的同时，自然而然地掌握伦理、道德、历史、地理等知识。日本也有自己的包含本国历史的三字经，似乎用于书法字帖等。《新三字经》让超越时代、超越国境的“旧瓶”的精华，更为未来发挥作用。

高：目前，我国教育部已把《新三字经》列为中小学生推荐读物，国务院发展中心小康办还成立了《新三字经》推广办公室。尤其令我感到荣幸的是，贵国日本的一家民间团体，也成立了“《新三字经》推广委员会”。我想，一本小书，之所以会受到大家的关注，大概是因为它贴近了人民的生活吧！从这个意义上讲，我创作、推出《新三字经》，也正是为了实现池田先生所主张的“让民众在日常生活中感受到栩栩如生的文化力”。

池田：哪里哪里，谢谢。让我效仿三字经说“高占祥、创新风、文化力、皆赞赏”。我至今已与包括高先生在内的世界众多的一流文化人士会谈，大家的共同之处就是谦虚、具有真挚的社会使命感和行动力。西方有传统说“高贵人士就要尽其义务（noblesse oblige)”。文化人，即“有文化的人”，对他们的要求是“崇高的行为”。日语中的“文化人”，也被解释为“参与广泛的社会活动的学者、艺术家等”(《广辞苑》)。我认为，真正的文化人就是“行为崇高的人”。

高：“文化人”这个称谓，有着深刻的内涵。“文化人”，一定要有文化，但有文化的人不一定都是文化人。我眼中的“文化人”应具备四种魅力：其一，人格的魅力。其二，知识的魅力。其三，感情的魅力。其四，形象的魅力。具体地说：其一，人格是做人的资格，人格是一个人品德的全部，尤其是要有人性，要有良心，要有为天地立命、为他人服务的人文精神。一个没有人格的人是进不了“文化殿堂”的。其二，知识甚至能够开辟一个时代。文化人最突出的特点是有知识。知识不是掠取私利的手段，而是为社会奉献的力量。文化人应该善求“未知”，善于在“无导向者”的知识花园里漫游，以“未知”来抢占文化知识领域的前沿。其三，要有感情的魅力。在我眼中，那些冷漠者、忘义者、狂癫者、无情者、残酷者，都不是文化人。那些对人民有感情、对长辈有亲情、对朋友有真情、对事业有激情、对祖国有深情的人，才是我眼中的文化人。其四，就是形象的魅力。我始终相信，一个人的形象，是由文化力、精神力、道德力这三把刻刀雕塑出来的。春秋时期有一个叫哀骀它的人，他相貌奇丑，跛脚驼背，可是在人们眼中，他却有着难以抗拒的吸引力。由此可见，所谓形象魅力，与容颜、身材并不存在必然关系。

池田：您表达得太确切了，把“文化人”的含义解释得十分鲜明。在日莲佛法中，阐明了佛教开山鼻祖释尊出世的究极目的，就是告诉世人“人应有的行为举止”。日莲佛法强调指出，人的真正价值不由职位、地位决定，而是通过行动和人格表现出来。这与高先生论及的崇高的文化人精神相一致。佛法中指出，所谓佛，就是最高人格的拥有者，拥有十个称号（佛十号）。也就是说，佛具备的德可列举为“正偏知（具备悉知宇宙万法的正确中道智慧，其光芒普照世人）”、“明行足（具有丰富的智慧‘明’和行动力‘行’）”、“善逝（破除怒、攻击性、贪欲、自私等恶心，启发慈爱、友情、报恩、利他的善心）”、“世间解（充分理解由政治、经济、文化形成的思想情况，引导社会向理想的方向发展）”、“天人师（能够指导和鼓励所有的人）”、“世尊（因人格魅力而吸引人、备受尊敬）”等。文化人该具备的素质都包含在这里面。它告诉人们，通过佛道修行就能具备这些德。不管怎么说，高先生是行动派文化人，许多文化团体是在您的参与或支持下创建的吧。

高：是的，不过池田先生才是著名的社会活动家，多年来参加并促成了很多文化团体的国际文化交流活动。与池田先生相比，在这方面我还有很大的差距。从上个世纪50年代至今，我参与创建了不少文化团体，如汽笛文学社、中国艺术摄影协会、中国翰墨协会、中国文化管理学会、中华名人协会、中国京剧艺术基金会、中华文化促进会、中国国际标准舞协会等，并且在上述团体中担任过主要职务。另外，我一向鼓励群众文化团体的建立与发展。80年代初，我就职于河北省委，主管文化工作，在两年多的时间里，我倡导并建立了“朝花”、“春芽”、“春苗”、“春花”、“春草”、“沙粒”、“路边草”等四百三十六个文学社团。一批全新的面孔就此登上了文学舞台。在此，我来介绍一下与池田先生有关的社团——我任主席的中华文化促进会吧。

池田：前面也讲过，非常荣幸的是，贵会于2007年授予我名誉顾问称号，又于去年授予我终身国际荣誉顾问称号，再次深表感谢。

高：应该是我们感谢池田先生接受我会的称号。1992年春，当时我负责文化部社团审批工作，我批准建立了中华文化促进会。文促会的第一任会长由全国政协副主席叶选平担任，我也任副会长。文促会的成员由海内外的文艺家、企业家、活动家、理论家组成，打破了以往“文化圈里搞文化”的格局。如今，文促会的会员已遍及全国三十一个省、市、自治区、港澳台地区以及十六个华人驻在国。文促会成立以来，持续不断地举行了一系列文化理论研究、文化经典整理、文化展览、文化交流活动。如主办了促进大陆与台湾海峡两岸和谐的“两岸同歌”活动；开展了扶助贫困山区孩子上学的“山花工程”；举办了汶川大地震募捐义演活动；进行了20世纪百年音乐经典、摄影经典的评选、演出、展览活动；还聚集二百多位专家学者，整理、出版了《今注本二十四史》等等。可以说，现在文促会已经成长和发展成了一个具有代表性的中国文化NGO组织。文促会之所以能取得如此成绩，其中有一个不可忽略的原因，就是我们有着两根大梁——一根是文促会的名誉主席，原人大副委员长许嘉璐；一根是文促会的国际荣誉顾问池田先生。在这两根大梁的支持下，我们一定能一如既往地为提升中华民族的文化力而奋斗不已。

池田：实感惶恐。我对高先生所作出的尊贵又具深远意义的努力表示崇高敬意。在关注贵国文学、书法等“文化力”时，少不了言及“文字”。诚如高先生说的，“文字”是人类最重要的发明之一，在强调它的重要性时，您说过：“汉字是中国文化的原动力，是文化发展的关键。”古代中国发明的“汉字”，与思想、文化一起，传入朝鲜半岛和日本等地，形成“汉字文化圈”。不用说，汉语和日语的共通点是使用“汉字”。我自少年时代起，每阅读文学作品或自己写诗写文章时，常常感叹汉字的优美和强劲有力，同时，对“文化大恩之国”的贵国不禁肃然起敬。

高：对，诚如您说的，中国文化源于中国汉字。文化力的基础是文字力。文字力即智慧力。汉字是中华文化之根。汉字是图画，每个字都很美丽，其长处可以概括为三美：意美以感心；音美以悦耳；形美以赏目。汉字蕴涵着中华文化的魅力，放射着中华智慧的光芒。同样，汉字亦有三个短处：一是有些字笔画太繁，甚至达到三十多笔；二是多音字、多义字过多，令人难以识别；三是有些字过于生僻，即便是中文系博士，也未必能一一掌握。上述的汉字“三长”、“三短”，乃是个人之管见。

池田：哪里哪里，表达得特别简明扼要。说起汉字的“美”，让我想起法国著名美术史家路奈·尤伊古先生在与我的对谈中就东方的文字，即汉字说：“汉字蕴涵着伟大人类的丰富内涵。就说绘画，每一笔都有意思，汉字也一样，是朝着人心里娓娓述说。汉字在让人产生概念的同时，它本身就是一种形象，而且是带有丰富的表情和象征性的形象。它让阅读者更加迷上它，不光是抽象性的思考，而且是以其内在的整个生命在参与。”高先生指出的“三美”之中的“形美”，日本也自古就效仿贵国，产生了“书法”艺术，并视之为教养的必要条件。蕴涵在这种文化底流的是对生生不息流传后世的文字、尤其是对汉字的“敬畏”，可以说近乎一种信仰吧。日莲佛法中也有与此相关的经文：“今《法华经》之文字，皆生身之佛也。我等肉眼见之为文字。”“《法华》经文，凡六万九千三百八十四字，一一文字见于我等之目只为黑字，在佛眼视之，一一皆佛也。”《法华经》即《妙法莲华经》，是贵国的鸠摩罗什所翻译的。卓越的翻译家鸠摩罗什，对表达佛之悟道心的经典《法华经》，不是单纯地直译，而是汲取字里行间的真意，费尽心血，边培养弟子边完成翻译。日莲大圣人说，《法华经》的每一个字都是佛心的表现，就是佛。

高：很有意思。因此，“汉字文化”欲取得积极发展，就要进一步发挥“汉字文化”的优势，克服或减少汉字在文化传播中的障碍，促进“汉字文化”的普及化、全面化。在中国要进一步弘扬汉字文化，首先就应该妥善处理好繁体字与简体字的关系。

池田：简体字，是新中国成立后在进行文字改革中制定的字体。它的制定，提高了识字率。但也被指出与自古使用的繁体字很难挂钩等等。例如，日语中使用的“豐”字为繁体字，而其简体字为“丰”。

高：不久前，台湾的马英九先生发出“识正书简”的倡议，我写信表示颇为欣赏马英九先生的主张：先生倡行“识正书简”，两岸学界与社会各界认同者众，实因繁、简两种汉字体系二元并存状态，不仅是一种现实，而且还将在大陆、港澳台及海外华人中持续一段长久的时间。因此，先生之议不仅有益于两岸同胞，也有益于海内外所有炎黄子孙。

池田：很重要的观点。“识正”也具有追溯汉字文化圈渊源的意义，应该也包括自古就用汉字的日本、韩国、越南等吧。“山河应有异，翰墨自相同”，这是19世纪访问贵国北京的李氏朝鲜使者，赠写给同样访问北京的阮朝（越南）使者的汉诗。因共有汉字文化，所以东亚有着大规模的交流。日本著名的中国古代文学家、汉字学家白川静先生曾说：“恢复汉字文化是迈向实现东亚共同体的第一步。东亚由此出现国民性的交流广场，即血脉相通。”对此，我也抱有同感。进一步加强汉字文化圈的连带关系，就能成为朝向世界的“和平文化”之光。

高：我个人以为，在当今世界存在两个“汉字文化圈”：一是以地缘为基础的“汉字文化圈”（主要指东亚地区）；二是以教育为基础的“汉字文化圈”（主要指全球二百六十所“孔子学院”所辐射的社会范畴）。法国学者范德梅尔舒教授在他的《亚细亚文化圈时代》一书中提出："与西欧文明相匹敌的一个文明形态（即新汉字文化圈）正准备出现。"

池田：是啊，把西欧文明相对化、深深关心亚洲的中国学大家范德梅尔舒教授的卓见，我在北京大学、中国社会科学院的讲演中也都曾论及。

高：诚如池田先生所指出的，汉字虽然是中华文化之根，但其影响绝不仅限于中国，包括日本、韩国、朝鲜、越南北部乃至东南亚的一些国家，都堪称"汉字文化圈"中的成员。因此我认为，中国在进行文字改革时，可以适当考察一下这些国家的经验，甚至可以征询一下这些国家的意见。我觉得，日本的"汉字简化"与马来西亚的"繁简并用"都做得非常成功。尤其是日本，通过"汉字简化"达到了"汉字扫盲"的效果。当前日本几乎没有文盲，文化水平处于世界领先地位，这应该与日本对待汉字的态度有着莫大关系。近年来，中国人一直在呼吁汉字的统一规范。尽管众说纷纭，但对于汉字的未来，我有以下三点想法：第一，简繁共存。任何文字都会随着历史的发展而不断简化，但不能因此而影响文化的延续、传承。所以我赞同马英九先生的"识正书简"论。第二，优化简化字。当前中国大陆所使用的某些简化字（所占比例不大）不太科学，而且极易造成混淆，对于这些字，应该改良甚至废弃。第三，汉字规范化。重新制定汉字表，严格统一、规范汉字，并将繁体字列入表中。总之，中国人有必要进一步改革、规范汉字。只有这样，才能弘扬汉字文化，促进国际交流、提升中华文化！

池田：诚如文豪巴金说过的："语言文字只要是属于活的民族，它总是要不断发展，变得复杂，变得丰富。"符合时代的多样化文字的规范化是极为困难的事业。高先生就此的三点想法，让我觉得可贵，也十分值得参考。我认为，“书写”汉字，即“书法”也是十分重要的文化。我通过您的著作欣赏到您的书画作品，您的运笔时而豪放、时而纤细，独具匠心又豁达雄浑，让我感觉到您自由自在的境界。诚如苏轼的名言“诗中有画，画中有诗”，高先生的书画作品充满诗情画意。

高：哪里，哪里。我从小学时开始描红练字，当时书法是一门必修课。成年后，我拜入金铭、黄琦两位先生的门下，还相继临摹了柳公权《玄秘塔碑》、颜真卿《多宝塔碑》、王羲之《兰亭序》、怀素《自叙帖》等书法范本，并有幸得到了启功先生、董寿平先生等名家的指点。如此苦学之下，直至六十岁，我才有了一些“龙飞凤舞”、“笔走龙蛇”的感觉。以下这首五律，就是我学习书法时所获得的感悟：

学书如悟道，辛苦任晨昏。
欲练楷行草，应如立走奔。
基深楼始立，根浅树难存。
何处窥堂奥？请君先入门。

池田：这首五律，强烈表达出高先生的真挚态度和坚持学习的信念。指点过高先生的启功先生，曾挥毫写下我的长篇诗《文化与大地》中的一部分赠给我，我一直很好地珍藏着。同样，我也与贵国著名的书画家董寿平先生有过多次很好的交流。我们第一次会晤是在 1987 年 6 月，我一直不忘他说的一句话：“书画之道，容不得半点虚假。”当我问他“书画的真髓是什么”时，他即刻回答说：“是人格的力量。”书法的修行当然从技术入门，一旦入门就必须表达深奥的内涵，越是高手就越注重人格的磨炼。我深受感动，不由赠他诗一首，其中写道：

深知卓见贵人格
光彩照人善心灵
与君虽初见
仿似知己越百年

气韵生动
不怕风吹雨打
生气勃勃
常绿寿命光年

友好万代意悠悠
邻邦互助齐携手
朗朗亚洲长空上
亭亭青松伸枝头

在我看来，高先生的书法除了卓越的功夫之外，更反映出在艰难困苦中磨炼出来的意志和现在仍然为理想而挑战的热忱。有很多日本读者希望能写一手好字，虽然不敢奢望要达到艺术的境界。因此，我想提问，有没有写好字的“秘诀”?

高：是呀，我学书法的“秘诀”可以概括为“三定”，即定师、定时、定数。首先要确认老师；其次要规定每天学习的时间，以及每个字练习的遍数。如果每天能练字一小时，每个字练一百遍，那就可以收到“字无百日功”的效果了。《中国汉字大典》里收录了约五万六千字，不必逐个练习，只要练好“永、固、红、心、戈”这五个字，就可以大致掌握书法的要领了。“永”字有点、横、竖、钩、撇、捺六种笔法，练好“永”字，就能奠定好书法的基础。“固”字有大小两个方框，汉字是方块字，把“固”字练好了，其他的方框字也就不在话下了。“红”字左边的“乱搅丝”比较难写，练习“红”字，是为了充分掌握“乱搅丝”的写法。“心”字中有三个不同方向的点。俗话说“看人看脸，看字看点”。“点如坠石”就会使人感到功力深厚。“戈”字主要练其反钩，据说当年唐太宗李世民学书法时总写不好带反钩的字，后经书圣王羲之的七世孙、大书法家智永的点拨方才写好。当然，学书之道更重要的是一个勤字。为此，我写过一首小诗：

墨染三池水，笔生千瓣花。
一勤成万事，苦练出英华。

池田：如同您诗中也写到的，我眼前好像浮现出您日日夜夜认真执笔专注练习的身影。勤奋苦练才是成为高手的王道啊。贵国现代画坛巨匠徐悲鸿先生也强调指出“天才出自勤奋”。这是万事相通的原则。关于“定师”，使我想起教育家牧口首任会长提倡的毛笔书写指导法“骨写”，即，在描红书上搁置白纸，先用硬笔在上面描红，然后再用毛笔把它写出来。因为牧口先生认为，如果使用这样的描红方法，包括不擅长书法的教师在内，大家都会喜欢上书法的，而且一定会热心练习，从而获得进步。牧口先生刚刚提出这建议时，遭到种种批评，被批评为邪道。而如今，创价小学也采用这方法，效果不错。今年年初，关西创价小学在“全国新春试笔作品展览会”的“团队部”中，连续两年第五次荣获全国冠军，为创价教育八十周年佳节报捷。牧口先生的指导法，近年多次被刊登在日本书法教科书上。总之，我殷切希望要珍惜这丰富多彩的汉字文化。那想问一下，高先生最喜欢的汉字是哪个字？

高：池田先生让我举出一个最喜欢的汉字，那就只有“励”了。励字可以组成“鼓励”、“勉励”、“奖励”等词汇，还可以组成

“励精图治”、“励精更始”等成语。尤其是在读过池田先生的《人生的坐标》一书后，我对“励”字有了更为深刻的理解。池田先生认为“励是万力”。

池田：对，温馨的鼓励，就是给人们心中送去勇气和希望之光。学术上的定义暂且不说，“励”字写着“万”和“力”。给人们送上的“万力”，就是发自内心的鼓励。

高：当我读到池田先生这段论述时，不禁拍案叫绝。我立即想到，这“万力”就是联结人心的文化力啊，甚至可以说，这“万力”就是建立和谐世界的亲和力！多年以来，我时常勉励自己，也时常勉励别人，通过无数次的实践，我越来越觉得，“励是万力”这句话是我在人生课堂中所学到的最为宝贵的一条真理！这也让我对池田先生产生了更为深厚的敬意。诗圣杜甫有两句名言：“别裁伪体亲风雅，转益多师是汝师。”我对此深有体会，“转益多师”的确是我学习诗歌的态度和方式。

池田：您过奖了，让我汗颜，是我在向您高先生学习呢。您刚才引用了杜甫的名句，从《诗经》开始的贵国的“诗”，不但已有三千年历史，而且至今仍然作为不朽的体裁而根深蒂固地发展着，它是世界文学史上的稀世之宝。《诗经·大序》中指出：“诗者，志之所之也，在心为志，发言为诗。情动于中而形于言。”这是抓住了诗歌本质的不朽名句。

说起“有志诗人”，让我想起了信念坚定的伟大诗人屈原。在七国争雄的战乱时代，楚国忠臣屈原力劝楚怀王，他的谏言非但没有被采纳，反而遭遇谗言被流放。这一悲剧天下皆知。我曾在创价大学就屈原不屈不挠的人生作过讲演。在日中战争愈益激烈的时刻，郭沫若先生创作了历史剧《屈原》，借以鼓励同胞。在这历史剧中，当屈原因捏造之罪而遭周围中伤诽谤时，就连平常看上去很顺从的弟子，竟也轻视和批判恩师屈原。在这样的情况下，屈原看破世间的无情和自己的悲惨命运，恪守信念，呐喊："举世混浊而我独清。"这部历史剧通过描写屈原，告诉我们真正的诗人与只会玩弄词藻的人截然相反，是正直地殉义殉善、毫无后悔的至诚之人，是与恶作战的勇士。在这方面我特有共感。"国无人莫我知兮"——屈原是孤独的，但他对自己的信念没有产生丝毫的动摇。"吾将从彭咸之所居"——彭咸是比屈原早一千多年的古代殷之名将，屈原决心追随这位为正义而活而死的先人。伟大的诗人应该是"民众的代言人"。通过诗歌这人之本能的呐喊，扩展正确的"真实呼声"，这是诗人的使命和责任。佛法教导"声为佛事"。引导人们走向幸福的正义之声、鼓励之声、信念之声、智慧之声，是与"佛"相通的事业。"诗"为"志"。深受日本人喜爱的诗人白居易，也在诗中强调着"为民"的意志。他反对"嘲风雪，弄花草"，发誓"救济人病，裨补时阙"。他不仅咏诗赞叹自然美，而且以民众的心愿为自己的心愿，强烈自觉到必须引导建设一个更好的社会，他坚定不移地在言行中贯彻自己的信念。这种勇敢和崇高的精神，正是"诗的国度"贵国自豪的传统。请问，高先生有没有在诗歌方面的老师？

高：在我的诗歌创作道路上，曾得到文怀沙、臧克家、季羡林等老先生的热情鼓励与耐心指点。他们都曾为我的诗集、文集作过序，并鞭策我继续在诗歌道路上努力奔跑。我与臧克家先生从70年代就一起谈诗，我常到他家去请教有关诗的问题。我的《微笑》诗集是他在医院的病床上展读的，并写了一篇《微笑，把人间的哀愁笑落》的评论，他说，看了《微笑》，他的病减轻了许多。我敬重他，感谢他对我的帮助。2004年他去世后，我为他写了一副挽联："当代哲人典范，千秋诗歌长城。"

池田：我与季羡林先生出版过《鼎谈集》，对臧克家先生我也略有研究，他的那首纪念文豪鲁迅先生的诗写得太好了。即使在病床上，他仍然为您着想，我为臧克家先生的深情而感动。而如今，您仍在竭诚报恩，我也看得出您为有他这位老师而自豪。其他还有谁对您的诗作产生影响？

高：我天性喜欢诗歌，自小就非常用心地学习古人及前辈的佳作。郭小川、贺敬之、李学鳌、王致远等人的诗篇，都对我的诗风产生过很大影响。尤其是王致远的长篇歌行《胡桃坡》、《长歌行》，令我深受触动，我还为之写过一篇七万余字的读后感。时至今日，在我的诗作中，应该仍然能读到这些师友的影子。中国诗坛的历史，属于前辈，中国诗坛的未来，属于青年。近年来，我有幸结识了一批才华横溢的青年诗人。

池田：您在培养着许多优秀人才啊。不管是哪个领域，未来只有托付给青年。青年是未来的希望。我曾赠给 21 世纪和平文化运动的接班人一首诗，其中写道：

社会，无时无刻不在变化
切勿随波逐流！
诸君要堂堂谱写自己的历史
莫忘自己是主体！
莫被社会表面现象所干扰！
被毁誉褒贬侵蚀的自己
是落寞的败者
诸君，一定要成为胜者！

高：池田先生为青年着想的心情让我感动。有一位青年诗人认为，诗词和佛学一样，也有大小乘之分。“大乘诗词”抒发国家天下之情，“小乘诗词”抒发一己儿女之情。显然，政治家所拥有的诗心应该是“大乘诗心”，而不是“小乘诗心”。杜甫被称为诗圣，正是因为他心中有着“安得广厦千万间，大庇天下寒士俱欢颜”式的大爱精神。诗心应是一种充满激情却又不失温厚的赤子之心、大爱之心。领导人拥有诗心，不但能陶冶性情、提高个人修养，而且是领导艺术的一种软实力，它能使一个领导者的思维更为形象化、更为大众化、更为艺术化。中国历代的杰出政治家多半能诗，那些精神高涨的诗歌，将会成为飞向人们心灵的一种文化感染力。

池田：“大乘诗心”的表达太精彩了。在这一点上，诚如您说的，贵国有着伟大的传统。非常荣幸的是，至今我珍藏着贵国多位领导人的诗书。三年前来访日本的温家宝总理赠我墨宝“慈航创新路 和谐结良缘”，是对我们和平友好运动的极大鼓励和期待。我深深感受到贵国的尚文传统。捷克的哲学家总统马萨利克曾说：“政治含有诗的要素，政治如有创造，就必有诗。”我也认为政治家必须有诗心。没有诗心的政治则荒乱不稳、停滞不前，因为它缺乏改变现实的想象力和创造力。

高：我对池田先生您关于“政治家该拥有诗心”的观点很欣赏。政治家拥有了诗心，就会更加关注人情、人本、人性。任何脱离人本的政治必将失败，任何不顾人性的政权必将倒台。一个具有诗心的政治家，易于点燃民众心中的希望之光，激发民众的精神力，从而创造出巨大的政治能量。

池田：对。在我会晤过的印度领导人中，有好几位都很喜欢诗歌。约在七年前，世界诗歌协会机关报《诗人》刊登了当时的印度总统卡拉姆等人的诗，同时，也一并揭载了我的诗。我深感荣幸，难以忘怀。其实，比起这件事，更令我感动的是与贵国的“小诗人们”之间的往事。1974 年我首次访问贵国，其间，访问了古时被称为长安的西安。当我伫立在还遗留着盛唐国际大都市痕迹的街头，脑海里不禁浮现出李白、白居易等众多诗人在此发挥才华的往事。2000 年，在西安市蓝田县张村诞生了一所小学，名叫“创价希望小学”，它是我们创价学会支援贵国推进“希望工程”的结晶。在人们翘首盼望的小学落成典礼上，兴高采烈的儿童代表创作了一首诗，题为《致创价学会的朋友们》，内容如下：

你们是东方的黎明之光
照亮我们的记忆深处
从今我们不再淋雨
不再有泥水的漏雨

你们是行驶在大海的航船
把我们送到理想的彼岸
我们遨游在知识的海洋
攀登书籍的山峰

创价学会的各位朋友
我们牢记日本人民的深厚友情
在知识的天空展翅翱翔！
我们勤奋努力争取成功
一定会把美好的芳香
赠与你们大家！

儿童们美丽的心灵和丰富的感受性，淋漓尽致地表现在这诗歌中。我感动无比，觉得他们就是拥有“诗心羽翼”的天使。诗心，不分老少地体现在每一个人的身上。可近年的日本，相对于大众文化，诗歌越来越衰微，民众的诗作也越来越少，贵国也有这种现象吗？

高：曾几何时，我与池田先生有过同样的感触。甚至感到“诗歌衰微”是一种世界性的文化现象。放眼中国当代诗坛，只见名家辈出、山头林立，却没有几首特别令人兴奋、令人震撼的诗篇。然而，这几年通过网络以及一些其他渠道，我读到了某些民间诗人的诗作。这些诗人在生活中似乎并没有“诗人”的封号，也不是任何学会的专家，甚而连一本诗集都没有出版过。他们分布于都市白领、乡村教师乃至贩夫走卒、民工苦力之间，但是他们的诗歌却充满了生活的真味、时代的气息。并且，他们中的一些佼佼者，在诗歌技巧层面，也远远超过了一些名流耆宿。在他们身上，我看到了中国诗歌的希望。

池田：敏锐的洞察力。诗心的衰微就是人性的衰退。诗心是否在民间脉动，可以说是社会未来的标志。民间诗人很重要，民众诗心是根本。

高：从世俗的角度看，“诗心”并不能帮助个人博取功名利禄、富贵荣华。然而，拥有“诗心”的人，却可以不断发现世界的美好，随时感悟人生的诗意，从而在喧嚣浮躁的社会中，获取一份精神上的宁静和欢愉。诚如池田先生所言，诗心在民众中脉动是十分必要的。显然，一个人有没有诗歌天分，与他是不是知识精英没有必然关系。至于说到生活的历练，那躲在象牙塔内的精英就更不如阅尽民间疾苦的草根了！要成为一名优秀的诗人，只须具备三个条件：天分、技巧、生活。南宋诗人陆游曾经说过：“汝果欲学诗，功夫在诗外。”诗歌源自生活，而诗心也需要在社会生活的大环境之下进行培养，在艺术的象牙塔内，是培养不出“大乘诗心”的。

池田：文豪巴金先生也强调指出：“伟大的思想总是从民众中产生的！”“我所有的作品都是源于生活。”“如果他们（青年作家）真的下定决心学习创作，我希望他们投身于火热的斗争生活中。”

可以说，高先生的想法与巴金先生的思想同出一辙。巴金先生说：“我写得认真，写得痛快。”“作家不是一种资格，不是一种地位，不是一种官衔。我重视、热爱这个职业、这个岗位，因为我可以用我的笔战斗，通过种种考验为读者、为人民服务。”我也要好好学习贵国的诗心，与高先生一起，在不断激发“为人民服务”的热情的同时，热切希望能尽力于诗心的复权。

第六回
“心境”摄影的光彩

池田：自古以来，世界各地都把莲花视为最高贵的花。莲花真是不可思议的花，在佛法上有多层重要意义。少年时代我家的附近有个莲花池，当我看到数百朵莲花怒放的光景时，我为她们的清雅芳香入迷。创价大学、东京和关西的创价学园也都精心栽培着莲花，每年都会把莲花那美丽风姿摄入相片中向我汇报。高先生也创作了许多有关莲花的作品。近年出版发行的作品《百荷丰姿》荟萃诗歌、摄影，作品中不但有许多大朵荷花的照片，而且还配诗歌，其中的一首绝句为：

自出污泥伴湖湾，
千村万落结善缘。
花红叶碧双双美，
多少亲情在人间。

非常精彩的诗句，不但表达出莲花的淡雅，而且还飘逸着友谊的清香。

高：谢谢。我个人最喜欢的花卉还是荷（莲）花。荷花生于水，长于水，出淤泥而不染，色彩鲜艳，风姿绰约，被古人称为花中君子，并且名列中国十大名花金榜。荷花全身是宝，但所求却极少，只要给予适当的空气、泥土和水，便能开满池塘。在冰天雪地中，凋残的莲荷，仍屹立塘中，临风不倒，向世人昭示着生命的顽强与瑰丽。

池田： 莲花早已出现在贵国的《诗经》中，在贵国最早的字典《尔雅》中就已出现描述其种子、花、茎、根等各部位的文字。我自己如有机会，也常以莲花为对象拍照咏诗，希望会员们看到后能感到高兴。数年前，我看着凛然的莲花，咏了和歌一首：

昂首又挺胸
看花如同看自照
亭亭好莲华

莲花也在支援着那些为青春奋斗的青年们。我高呼——青年啊，如莲花般毅然昂首！堂堂获胜！我们创价学会牧口常三郎首任会长是一位地理学家。他曾在文中写道："植物刺激我们的美感，缓和我们的紧张，酝酿我们的诗情。可见，植物涵养我们的心情。"谈论人类文化，是离不开"花"、"草木"的。日本女作家紫式部所创作的《源氏物语》是千年前的作品。研究书系《源氏物语的植物》指出：这部最古的长篇小说中，出现了松树、樱树、枫树等约 120 种植物。也有从中国传来日本的梅树、桃树、牵牛花、莲花等草木；还有橘、柳等分别自生于两国，备受日中双方文化所喜爱的植物。

高： 早在五十年前，我就在北京图书馆借阅了《源氏物语》，由于此书的作者紫式部是位贵族妇女，因此整部小说中都弥漫着一种细腻而浓厚的脂粉味。说实话，我当时并不太接受这类风格，伤春悲秋、风流绮靡、缠绵悱恻……显然，这些“没落贵族阶级”的情怀，与50年代的中国风气是格格不入的。但这并不影响我对作者才华的倾慕。正如池田先生所言，在这部诗文并茂、文采绚烂、长达百万言的皇皇巨著中，出现了那么多种植物。作者在书中细致入微地描绘了各种花卉草木的形、态、色，可谓活色生香。有时，我在吟咏花卉之前，会将这部小说拿出来翻阅一下，以期从中撷取灵感。在中日交流史上，让我印象颇深的花卉应是棣棠花，这是一种娇嫩的黄色小花。《源氏物语》中时常提到这种花的名字，该书中的贵族女子，就很喜欢穿棣棠色的外衣。

池田：对，棣棠花那娇嫩的黄色，好像超越千年岁月而复苏，的确给人留下鲜明的印象。说起棣棠花，我就想起了15世纪的日本武将、因建江户城而著名的筑城名将太田道灌一段有趣的轶事。有一天，太田道灌去狩猎，遭逢阵雨。他找到一家小屋想进去借一件蓑衣，听到他的喊声后，走出一位少女，她一声不吭地递上一朵棣棠花给他。不明其意的道灌勃然大怒，说“我不是要花”，随即气愤地冒雨而去。事后，道灌对自己的亲信家臣诉说了这件事，家臣说：这少女是借和歌中吟咏的棣棠花来表达自己的心思。具体内容，就是收录在《后拾遗和歌集》中的一句，意思是花朵开得浪漫鲜艳，可悲的是连一件蓑衣也没有。从中可以猜到，那位姑娘正是用棣棠花来暗示自己贫穷到连一件蓑衣都没有啊。听后，道灌为自己的才疏学浅感到十分羞耻，从此就勤奋学习和歌，终成为文武双全的名君。不管这逸话是真是假，它跨越时代地不断相传下去，备受喜欢，这本身就很有意义。少女的“棣棠花”让一位武将深受感动、努力发奋，这也可以说是一种文化力吧。

高：是啊，这段逸话很感人。我在电视剧本《秘密印钞局》

中，创作了这样一个场景：时值第二次世界大战，当日本军官井原在机场要和盛装艳服的中国爱妻春岚分手时，他痛苦地说道："春岚，在你我要分别的今天，为什么要打扮得如此漂亮，就像一株秾姿秀色的棣棠花。难道你不觉得你的行为近似于残忍吗？可恨的战争，残酷的军令，将你我一对同命鸳鸯活活拆散……"行文至此，忽然想起在中日两国还有一种与"棣棠"名称极其相似的花卉——棠棣。棠棣在汉诗中往往象征着兄弟（因为发音似堂弟），我想，中国、日本也算得上是同文同种的兄弟之邦吧！希望我们两国能够像《诗经·棠棣》篇中描述的那样"和乐且孺"、"和乐且湛"，从此再也不会出现"兄弟阋于墙"的悲剧。

池田：我深表赞成，两国就是应该友好，时代也要求我们这样。日本有许多花是从贵国传来的，说起"中国的花"，人们马上就会联想起牡丹和梅花。

高：是的，在中国最受关注的花卉，还是牡丹与梅花。牡丹雍容美艳，象征着中华文化的雄浑华丽；梅花傲雪欺霜，象征着中华民族的坚贞不屈。可以说，牡丹与梅花分别蕴涵着中华民族的文化力与精神力。所以，这两种花卉在不同的历史时期，相继当选过中国的国花。新中国成立后，一直没有正式确定国花。根据前几年的民意调查，多数国人还是倾向于牡丹和梅花这两种花卉的。当然，荷花、兰花等花卉的呼声也很高，至少我本人就愿意投荷花一票（笑）。

池田：我理解您对荷花的深情（笑）。在高先生的摄影集中，除了荷花照之外，还有樱花、梅花、菊花、牡丹等很多种花卉。草木花卉都有生命，当把照相机的镜头对准她们时，我会感觉到她们在以微笑回应我呢。

高：佛教提倡众生平等，而在池田先生的眼里，连众生以外的花卉，竟然也似乎有了灵魂，由此可见池田先生的大爱之心。我潜心于花卉摄影已有二十余载，在不同的国度和地区拍摄了上千种花。它们或浓艳，或淡雅，或华丽，或纤秀，堪称燕瘦环肥，各臻其妙。我比较偏爱拍摄那些诗情画意的花卉、瑰丽奇异的风光、深沉凝思的人物，以及富有人格意味的动物。池田先生是从什么时候开始摄影的？

池田：我约在四十年前开始摄影。当时，我因过度劳累而病倒，有位朋友很担心我，特意送我一台照相机，以让我能“换换心情”。这成了我开始摄影的契机。为报答朋友的真心，我希望能用这台相机拍照，然后送给他看，于是，就以和毫无雕琢的自然美“对话”的心情开始了摄影。我利用繁忙公务的间歇或在行驶中的车上忙里偷闲地拿起相机。正因为如此，我抓住每一瞬间，以“这瞬间转眼即逝”的心情把镜头瞄向摄影对象。我觉得摄影不是消遣，而是认真奋战；摄影不只是拍摄想拍的对象，也是折射出自己生命的一面“心灵的镜子”。

高：我多次细看池田先生的《和平之曲》、《宇宙之曲》、《诗人之星》等摄影集。池田先生用摄影艺术给世界带来的符号和图像创造了第二自然。四十多年来，先生的摄影作品，就是先生的足迹。我非常赞赏先生关于“摄影是折射自己生命的一面心灵的镜子”之说。我觉得先生拍摄出来的图片光影新奇、色彩亮丽、意境高远，令人看罢，沉浸在一种祥和、恬谧、温馨的气息之中，久久不能忘怀。

池田：哪里哪里。我们创价学会的会馆分布在全国各地，大部分冠以“文化会馆”和“文化”之名。这些会馆内的墙壁上，如果是一律空白，就太无味。如果挂画，花费太大。于是，就挂上了我拍摄的作品，前来会馆的大家都觉得亲切自在。在摄影方面我是门外汉，但在朋友和会员的建议下，于1982年举办了我摄影作品的展览会。在法国著名美术史家路奈·尤伊古先生的监修下，于1988年5月在法国巴黎雅克马尔·安德烈美术馆举办了我的摄影展，命名为“与自然的对话”。从此，开始了截止至今已在世界三十九个国家、地区的一百三十多个城市举办的展览会；在贵国，已在北京、上海、福州、昆明、桂林、广州，还有香港、澳门等地举办过。1990年摄影展在北京民族文化宫举办之际，承蒙江泽民主席拨冗光临，并在芳名录上挥毫“和平之桥”，墨迹淋漓，谱写了历史的一页。前年，在被称为“中国最大的民族博物馆”的云南民族博物馆等处举办了我的摄影展，不胜感谢。承蒙大家前来欣赏拙作，令我汗颜。不过，摄影作品是开放的民众艺术，我由衷祈愿展览会能成为观众们与自然对话的场所和市民文化交流的场所。而高先生的作品，每一张都构图独特、视点新颖、寓意深刻，令人实感兴味盎然。高先生开始摄影的契机是什么？

高：我十五岁进入北京人民印刷厂当学徒，接着被分配到照相制版车间，开始接触与照相有关的工作。1986年我进入文化部后，创建了“中国艺术摄影协会”。大家推选我当会长，然而我的艺术摄影水平不高，这就迫使我精心地学习和研究摄影理论，并积极参加摄影活动。至于池田先生所问的“契机”，那应该是在许多年前了。小时候，我因为家境贫寒，所以常到田野里挖野菜充饥。春夏之交的野外五颜六色，许多不知名的野花在微风中颤动，似向人盈盈微笑。但秋风一起，这些可爱的小花就没了踪迹。我常常幻想，要是有个照相机就好了，那样就能把这些短暂的美景定格成眼前的画面、凝固的音乐和永恒的艺术。可一个连饭都吃不饱的穷孩子，哪有钱购买昂贵的相机呢？1981年我在团中央工作期间，利用自己节约下来的钱，又向同事借了点钱，终于买了一个小小的傻瓜相机，这才算圆了我那个做了几十年的美梦。

池田： 原来如此，一直刻印在少年澄澈眼底的美丽的自然景象，就是您开始摄影的契机呀。希望“把短暂的美景定格成永恒的艺术”，您的想法让我感动。把不会再次遇到的瞬间定格为永恒——这也是我按快门时的心愿。照片的英文是“photograph”，被认为是由英国天文学家赫歇尔从希腊语“用光来描绘”一词中创造的，的确是一个很合乎“光之艺术”的词汇。摄影技术约在一百八十年前诞生，到了20世纪末，数码相机、兼备相机功能的手机迅速普及，不管于何时、何地，不管是谁，都能随便拍摄。我现在用的是单镜头反光数码相机。照片是大家喜见乐闻的“民众艺术”、“庶民文化”。不论在世界的何方，都是能被所有人理解接受的“美妙的世界语”，在让欣赏的人感动、感铭的同时，自然地把人们的心联结在一起。

高： 对，摄影是与大自然直接对话的艺术，是宇宙间跨越国界不言自明的心灵语言，是光和影瞬间凝聚而经久不衰的一种文化力。中国各地举办池田先生的摄影展，给观者带来了艺术享受，同时增进了中日两国人民的情感与友谊。由此可见，摄影作品堪称是一种跨国家、跨地域、跨时代的文化形象力。所有的摄影家都应该像池田先生这样关注社会与生态、人类与自然。一帧摄影佳作，不仅具有震撼人心的艺术价值，而且还有宣扬公益的社会价值、真实可信的史料价值。优秀的摄影作品，不仅是物像的再现，而且是物像的艺术升华，即把现实生活化为如梦如幻的诗情画意。中日两国的摄影作品，既有相同之处，又有不同之处。相同之处是两国的摄影家拍摄题材类似，都把目光瞄准了名山大川、鲜花芳草，表现了对风景名胜的向往和迷恋。但在具体拍摄技巧上又有所不同。中国摄影家受传统水墨画的熏陶，讲究韵味、意境，因此作品往往显得空灵、高远。而贵国的摄影家受大和绘画的影响，因此作品往往偏于明艳、浓烈。

池田：“文如其人”，我认为摄影也一样，“摄影作品亦如其人”——诚如刚才所讲的，摄影家的人性会浓郁地体现在摄影作品中。就此，高先生有何看法？

高：“文如其人”出自我国北宋大文豪苏轼的文章《答张文潜书》。事实证明，文章风格与作者个性，的确有着某种相似之处。池田先生认为“摄影作品亦如其人”，摄影者的人性表现在其作品中，此语堪为经典，不由令人击节。无论诗歌、摄影抑或其他文艺种类，都是文艺家宣泄精神力乃至弘扬道德力的一种形式。诗人或摄影家由于世界观、生活经历、性格气质、文化教养、审美趣味的差异，必然在题材的选择和手法的运用上各不相同，因此诗歌及摄影作品通常都会打上作者独特的心灵印记：或豪放飘逸，或沉郁凝重，或清新明快，或洒脱自由……但有一点是不会改变的，即一首优秀的诗歌、一幅优秀的照片，必然具有穿越时空的文化力，从而使几千年后、几万里外的读者也能获得心灵上的触动。因此，提升摄影者的文化力、精神力、道德力，才是提升摄影艺术水平的核心。只有用心灵拍摄出的作品，才可以被称为艺术。

池田：万事都得用“心灵”啊。就说在诗歌方面，自古贵国就有通过诗歌交流深化友情、架起心灵间的桥梁的宝贵传统。与贵国属于同一文化圈的我们日本，也有互赠诗歌、和歌的传统。近代，以《星落秋风五丈原》等诗闻名于世的诗人土井晚翠，曾对正在日本访问的爱因斯坦赠诗。在西方，德国的歌德与英国的卡莱尔建立了跨越国境的师生之交，歌德常在给他的信函中穿插诗歌。在今天的中国，还保持着作诗赠诗的文化传统吗？

高：据我所知，诗歌酬唱是中国人千载不衰的雅事。在今天的中国，作诗、赠诗仍是极其普遍的文化。慢说他人，就是我本人也经常能收到各方诗友的赠诗。这些诗对我来讲不仅是饱含关爱、友谊的礼物，而且也是可供揣摩、学习的佳篇。最令我感动的是，当时已是耄耋之年的赵朴初先生，也写过一首绝句送我，现抄录如下：

君才浩瀚百川流，
多多益善如韩信。
清莲端合有清诗，
书香花气长相庆。

无论是年高德劭的名家，抑或是年富力强的民工，在诗歌的世界里，我们都是完全平等的诗友。在当今中国，尽管人们的娱乐生活越来越精彩、越来越丰富，但诗歌酬唱仍是一项不可或缺的文艺活动。

池田：曾是中国佛教协会会长的赵朴初先生，我在三十六年前首次访问贵国时和他第一次见面，之后又在北京和日本数次会晤，不断加深友谊。1978 年 9 月，适逢中秋月明之际访问北京，我赠赵先生拙诗一首，本是我于 1977 年为少男少女写的诗《月亮的心愿》：

静静的　静静的　长空中
静静地　静静地　露出了面孔
圆圆的月亮　向着大家　细诉
“你们要　有一个　宽阔的心胸
你们要　有一个　开心的笑容”
……

翌日，与赵先生一起参观了几处名胜古迹。晚上，出席在人民大会堂举办的欢迎宴会结束后，刚回到住宿处，就收到了赵先生给我的还礼诗。我至今都忘不了那被友谊之光环绕的瞬间：

读君去岁诗，
中秋月皎皎。
疑在宝明中，
置身蓬莱岛。
我今和君诗，
抵掌谈玄妙。
中秋雨亦佳，
心月常相照。
中秋当重九，
相将望长城。
天高凭极望，
不尽弟兄情。
诗成忽雨霁，
出户待月出。
世界放光明，
与君同喜悦。

诗的日文译者是赵先生的学生张文良先生，曾是创价大学国际佛教研究所的研究员，最近，他特意给我重新翻译了这首诗。《荀子》写道："故赠人以言，重于金石珠玉。"即使在"赠人以言"中，诗歌也分外独特。"发自于心，愿止于心"，是乐圣贝多芬的真情。期盼心连心，是古今东西永远不变的愿望。

高："诗可以群"，汉诗自古以来就有促进社会交往、加深人际关系的功用。白居易与元稹的友谊的确是中唐诗坛的一段佳话。相对而言，我觉得柳宗元与刘禹锡之间患难相知的友情，似乎比元白交谊更为令人感动。

池田：是啊，唐宋八大家之一的柳宗元，也是我自青春时代起就喜欢的文人。8世纪末至9世纪初，即经过安史之乱，唐王朝的统治逐渐恢复，柳宗元在朝廷年轻有为，与朋友们一起实践社会改革，结果被左迁。此时，接受同样处分的八人之一是好友刘禹锡。柳宗元的人生最让我感动的是，他不但没有在逆境中消沉，反而更加发挥出才华，不断写下自己的信念。《江雪》、《渔翁》等许多名诗名文，就是他在左迁之地永州写下的。同为唐宋八大家的好友韩愈赞扬他道：“居闲益自刻苦，务记览，为词章，泛滥停蓄，为深博无涯涘。”越是被考验的时候，就越能锤炼出伟大的人格，创作出不朽名作。这也是与高先生人生相通的重要启示。话又说回来，后来柳宗元和刘禹锡与其他同志一起被恩赦，一时重返都城。

高：对，柳宗元、刘禹锡分别被贬向永州、朗州这两处偏远之地担任小官，直到十年后，他们才有机会返回都城长安。然而，他们只在长安相聚了不到一个月，当政者便又把他们分别外派到了更为偏远的柳州和连州去任职。元和十年（815年）三月，他们相携南下，当到达衡阳时，已面临歧路，两人必须分手了。满怀悲愤的柳宗元，写下了三首诗赠送刘禹锡，其中有这么一首七律：

十年憔悴到秦京，谁料翻为岭外行。
伏波故道风烟在，翁仲遗墟草树平。
直以慵疏招物议，休将文字占时名。
今朝不用临河别，垂泪千行便濯缨。

刘禹锡读罢，叹息不已，因而也写下了一首七律作为对柳宗元的答复：

去国十年同赴诏，渡湘千里又分歧。
重临事异黄丞相，三黜名惭柳士师。
归目并随回雁尽，愁肠正遇断猿时。
桂江东过连山下，相望长吟有所思。

几年后，身处柳州的柳宗元在病痛的折磨下郁郁而终。临终前，他还写了一封信给刘禹锡，并要求家人将自己的所有遗稿全部送给刘禹锡保管。之后，刘禹锡认真地将柳宗元的遗稿整理成集，并收养了柳宗元的儿子。柳宗元能把身后事托付给这么一位朋友，该可以瞑目了。

池田：傲雪欺霜、坚贞不屈的诗人与好友离别时吐露真情的场面，让人百感交集。中国书法家协会的苏士澍理事曾赠我墨宝，内容是刘禹锡诗中的一句“斯是陋室，惟吾德馨”，充分显示出大诗人的崇高精神。

高：诗歌上的联谊或友谊叫“万古长青”。自古以来，文人之间的酬答作品不计其数，柳宗元与刘禹锡的酬答诗之所以能够流传千古，其中一个最为重要的因素就是他们两人之间确实有着真挚而深厚的感情。作诗填词必须有感而发，如果仅仅是为了应酬而勉强成诗，即便辞藻再华丽也难免会有感情空洞的弊病，那样的文字，显然是无法感人、不能传世的。

池田：我有同感。《礼记》曰：“英华发外。”不管是诗还是文章，能给予人感动的作品都是用心写的。柳宗元和刘禹锡的交友关系，让我想起高先生与胡锦涛国家主席自青年时代起的美好友情。

高： 那是1982年秋，中共中央初步决定让我留在团中央担任下一届常务书记兼全国共青团第十二次代表大会秘书长。同时，中央让我协助即将上任的团中央第一书记王兆国同志，配合中组部筹建下一届团中央领导班子。后来，胡锦涛同志被选为团中央书记处书记。那一段时间，我住在团中央职工宿舍楼，兆国同志住在我楼下，而锦涛同志则住在我楼上。每当午夜时分，有人从大街上经过，常会发现这栋楼由上而下，灯火通明。

池田： 原来如此，在同一时期同住一栋楼，相互鼓励，刻苦奋斗。想起来，我与高先生的初次见面是在这三年前的1979年。与胡主席的第一次见面是在这三年后的1985年，而且我们的见面都在东京。我和王兆国先生也于1985年会见过。

高： 当锦涛同志进入团中央时，我已调到河北省任文教省委书记。1983年夏天，锦涛同志带领由团中央组织的少年夏令营到河北秦皇岛安营扎寨，我特意从石家庄赶到秦皇岛，代表省委向他们表示欢迎。锦涛同志一见到我，就高兴地说道：“感谢老领导前来支持！”临别时，锦涛劝我道：“你是夜猫子，可不能老熬夜了！”我说：“你不也是个夜猫子？”锦涛笑着说道：“对，咱们都是夜猫子！”

池田： 多么温馨美好的交流啊。贵国有句叫“兰室之交”的美丽词藻，指散发着缕缕清香的友谊。让我觉得正像你们之间不变的互敬心情。

高： 谢谢。后来，我先后调到文化部和中国文联工作，经常会在一些全国性的会议上与自1992年起任政治局常委的锦涛同志见面。2008年5月8日，国家主席胡锦涛在访问日本期间，获得了池田先生的一首赠诗：

国富邦和日日新
家家充裕感恩深
主施仁政行王道
席不暇暖为人民
古来文化汉土求
月氏睿智福共筹
锦绣中华迎旧友
涛声友好万代流

我觉得这首诗不仅体现了池田先生的才华，而且堪称“艺术外交”的经典范例。因而，我用书法的形式，将这首诗书写了两份，准备分别赠送池田先生与锦涛同志。2008 年 6 月 10 日，中国共青团召开第十六次代表大会，锦涛同志将我们这几个团中央的老书记（除我以外还有韩英、杨海波等人）请到了人民大会堂。锦涛同志对我们说道：“各位老书记、老领导，你们为中国共青团事业作出了很多贡献，今天新一代成长起来了，这预示着我们国家后继有人……”然后，我对锦涛同志说：“我还有一件事要跟你说一下。”“什么事?”锦涛同志问道。“我把池田先生的诗写成了书法条幅。”“是不是我访问日本时，他送我的那首诗?”“对!”我说。“那你若见到池田先生代我向他问好!”“我一定向池田先生转达你的心意。”接着，我小声对他说道：“你现在担子重，可要注意身体!”他笑了笑，回道：“你这个夜猫子也要注意身体呀!”

池田：一段充分体现出胡主席和高先生人格的佳话，我无比感动。你们对我赠诗的重视，让我惶恐不已。胡主席是肩负 13 亿人民命运的领导人，他坚定不移地肩负使命在前进。我赠他汉诗，是表达我对他不变的友情和由衷的敬意。献诗时，当用中文朗读到最后一节时，胡主席脸泛微红，笑着用力地鼓掌，同席的各位也都大声鼓掌。这是一段难忘的美好回忆。

高：诗歌对于池田先生而言，不仅是一种文学体裁，而且是一种跨越国境、连接情谊的文化力。而我，即使工作再繁忙，也偶然会从繁华与喧嚣之中抽身而出，与二三知己谈天说地、把酒吟诗。

池田：高先生著作《文化力》最后一章的主题是“文化永恒力”。人类无价之宝“文化”，作为遗产，永远传给后世的根本力，首先该是作品本身的光辉。先人们呕心沥血创造出的一流艺术，超越时空，打动众人心。其次，同样重要的就是这些人类瑰宝的“守传人”。如果不保护、不传承、不弘扬文化，那文化就会在不知不觉中消失。

高：文化是民族之花，是国家的宝贝。“保护文化”是民族的责任，“传承文化”是民族的生命，“保护文化”和“传承文化”是一个国家文化发展战略的基点。近几年，中国对非物质文化遗产也日趋重视。非物质文化遗产是人类历史的活化石，是民族个性、民族审美习惯的“活”的凸现。它依托于人而存在，以声音、形象和技艺为表现手段，并且往往以“口耳相传”作为文化链而进行延续。因此，要做好非物质文化遗产传承工作，关键就是要培养好“继承人”、“接班人”。当前，我国正在开展非物质文化遗产的普查工作，国务院已正式公布了518项国家非物质文化遗产名录。对列入名录的代表性传人，国家将有计划地提供资助，并鼓励和支持他们开展学习、教育活动，以确保非物质文化遗产的传承。要做好“文化保护”和“文化传承”，首先须满足两个条件：一是国家制定相关政策、法规，使社会有法可依；二是充分发挥民间社团和广大群众的力量。只有政府和民众互相呼应，紧密配合，才能形成强劲的文化竞争力，从而使我们的民族文化代代相传，发扬光大。

池田：这是重大的事业。我们必须珍惜文化向遥远未来所放射的“精神之光”。就是本着这样的想法，创价大学也积极推进丝绸之路遗迹的发掘调查。而创价学会出版发行了旅顺博物馆、剑桥大学等珍藏的梵文《法华经》写本系列等。我们一心希望佛教的崇高精神文化能在现代社会复苏，回报把《法华经》传入日本的大恩之国贵国，哪怕是以绵薄之力。庞大的佛教经典体系被誉为八万法藏，如今已以出版物之类的形式面世，谁都可学，不过，据说当初是所谓的“非物质文化遗产”。最初在汇编佛典时，由弟子代表口唱弟子们记忆中的教导，然后大家再一起确认。不过，只要弟子继承师的教导，这就不是单纯的记忆中的内容确认，而一定是深深地共享感动与共鸣。《法华经》是在释尊离世数百年后的公元1世纪前后问世的，成为其核心的释尊直说思想，被认为是以口耳相传下来的。日莲大圣人基于当时从中国传进日本的天台学说，如此表达《法华经》的结集精神：“彼千人之阿罗汉，思佛而流泪，而文殊师利菩萨流泪之中唱《妙法莲华经》，千人阿罗汉中之阿难尊者流泪之中，答称‘如是我闻’。其余之九百九十九人，以泪为砚水，在‘如是我闻’上，加书‘妙法莲华经’。”正因为有如此深刻的共同感受、体验，《法华经》才可能作为经典被汇编，并被翻译成别的语言，更又携带记载那文字的经卷，翻山越岭，穿越沙漠，横渡大海传入日本。传来的文字、运来的经卷，是蕴含着无限价值的文化结晶。但如果只是把它们搁置仓库，那就不过是“物”而已。重要的是继承其“精神”。“无论如何要把这些文化结晶传给后世”、“一定要正确无误地传下去”、“有人在等着看”这种人心的觉醒、果断勇敢的行动——我觉得这就是文化的“本来面貌”。

高：把文化传给后代，是人类与生俱来的天性，也是社会得以发展的要素。在原始社会，我们的祖先就已经开始有意识地把一些粗浅的文化知识（如钻木取火、结绳记事、祈祷卜筮等）传给后人。而这些粗浅的文化知识，经过了一代又一代的传承、发展，最后终于形成了今天灿烂辉煌的人类文明。文明社会的先哲们，更是把传播文化当成了毕生的事业。他们或四处游说、或开馆授徒、或著书立说，甚至为之奉献出了宝贵的生命。春秋时期，齐国权臣崔杼杀死了国君齐庄公，他为了掩饰罪行，要求历史记录官太史伯在竹简上写道：“庄公死于疟疾”，可太史伯却直接写下了“崔杼弑其君”。崔杼看到后大怒，杀死了太史伯。然而，太史伯的二弟太史仲在继任后，也在竹简上写下了“崔杼弑其君”这几个大字，于是崔杼又杀死了太史仲，让太史伯的三弟太史叔接任史官。可太史叔依然坚持记载“崔杼弑其君”，崔杼只好再杀死太史叔。当太史伯的幼弟太史季上任时，崔杼终于手软了，他明白，即使他把太史一家全部杀死，仍然会有其他史官如实记录他的罪行。于是，他只得任由太史季将“崔杼弑其君”永远刻在史册之上。太史氏不仅为后世留下了真实的历史资料，更重要的是，他们那种坚持真理、不畏强权的精神，也对中华民族产生了极为深远的影响。可以说，汉代著名史学家司马迁正是继承了太史氏秉笔直书的精神，因此才会创作出《史记》。

池田：太史就是史官（历史记录官）之长吧。二十年前，我曾向青年们介绍这些太史兄弟的故事，告诉青年们“真实人”一定战胜“权势人”。同样，也诚如高先生您讲的，司马迁继承了太史氏秉笔直书的传统，他也是继承父业，顶住了入狱、宫刑等极端的考验，坚持活下去，完成了被后世仰为正史模范的巨作《史记》。“人固有一死，或重于泰山，或轻于鸿毛”、“要死之日，然后是非乃定”等，都是司马迁的千钧之言。对于司马迁为完成誓愿的不屈人生，我曾对创价大学、创价学园的毕业生们介绍过。这些毕业生们已茁壮成长，如今已振翅全世界，活跃在社会的最前沿，迈步在各自的使命与信念的人生大道上。正因为有如此的深邃精神，“文化传承”才可能一代又一代地传下去。

高：在21世纪的今天，把文化传给后代，更是每一个有良知的人义不容辞的责任。当前，“把怎样的文化传给后代”，已不只是一个值得深思的问题，而且是一项必须实践的工作。

池田：您说得对。在今天这样的社会，要求的是超越国家、民族的文化交流。只有这样，才能培养出不因政治、经济变化而动摇的友情。为此，我们至今在世界各地，通过音乐交流、举办绘画展、摄影展等，努力促进文化、艺术的交流并加深相互理解。如果能相互学习各个国家、地区的多样化文化，就一定能建立超越相互差异的信赖关系。为在世界形成这种文化发展潮流，我强调更应该推进“艺术外交”。

高：近年来，随着国际交流事业的发展，现在，池田先生提出了“艺术外交”这一概念，那么，在世界文化交流的潮流中，又该怎样促进“艺术外交”呢？2008年8月，我应邀出席北京奥运会的开幕式和闭幕式，那种身临其境的震撼，让我领略到了奥运文化的无穷魅力。当时，我的脑海里忽然跳出了一个想法：如果能参照奥运会的模式，创办一个“世艺会”（世界艺术交流会），那该多好啊！那样就可以在国际社会构建起一个“友谊金桥、艺术外交”的大舞台，让全世界各个国家、地区的不同风格、不同流派的经典文化和精粹艺术在这个舞台上尽展风采。这对于增强世界人民的文化交流、推动人类社会的和谐发展，必然有着难以估量的作用。尽管，我这个想法只是个美丽的梦想，但只要我们为之而不断努力，可能有一天，我们的后代就会把这种梦想变为现实。

池田：“世界艺术交流会”——多么美好的蓝图，是高先生自青年时代起开辟的“文化力”地平上的一个大总结。扎根于民众，人民间相互学习，靠和平理想连接的文化、艺术交流盛会，的确有着深远的意义。恩师户田先生曾说：“真正的伟人，是一生不忘青年时代的梦想，并让梦想成真的人。”梦想，是唯独人才有的特权。没有梦想的人生是灰色的。而梦想又如高先生说的，开始努力时就一定要实现。我们的对谈，也是向着实现壮大的文化交流之梦想，迈出的强有力的“一步”。

第七回
母亲是伟大的“和平教师”

池田： 刚过去的8月24日，承蒙高先生在百忙之中，为正在北京访问的我们创价学会青年部员，围绕文化力作了精彩的讲演，非常感谢。青年们个个都感动不已，对自己是年轻的“文化大使”有了新的认识，深感自豪。您还赠我墨宝淋漓的作品“联结地球的文化力”，再次深表感谢。

高： 不用谢。能见到贵会青年部员，我感慨无限，让我清晰地想起了当年作为全国青年联合会团长访问日本的往事。青年是文化交流的天使。对世界和平而言，池田先生一贯主张最重要的是推进国际交流和青年交流，对池田先生的这种主张，我深感共鸣，并表示由衷的敬意。尤其是青年访问异国、加深交流，这本身就是开辟未来的友好大道。

池田： 谢谢。让我们也更加高涨起“青年情怀”，进行我们的对谈吧。人生是旅程，路途崎岖，但人生也是向前一步步的奋战，朝向目的地，与良友携手共进。最近，我细细欣赏了高先生的一幅摄影作品，就是行进在广袤沙漠中的骆驼一行，好像是在向我们诉说着“人生之旅”的浪漫情怀，特别棒。

高：谢谢。这幅《沙光驼影》的照片，是2002年秋天我在新疆拍摄的。我们置身于茫茫沙漠，行走时，能迎面见到沙峰有三层楼那么高。我们乘坐着专门爬沙峰的专车，一次又一次从沙峰高处向下冲滑下来，如同大船在大海波浪中颠簸。我们乘车累了，又下来再骑一会儿骆驼。就这样，我冒着刚痊愈不久的心脏病复发的生命危险，坚持着，在那沙漠里从中午一直等候到傍晚夕阳即临。这时，远方来了一队骆驼，缓缓向我们移来，于是我兴奋地拍下了这幅照片。我和朋友们都很喜欢这幅照片，我给它取名为《沙光驼影》。

池田：原来如此，好一幅佳作啊！阳光下，人和骆驼在放射着黄金般光芒的沙漠上，一步一个脚印向前进。他们的身影变成影子轮廓，放映在沙漠这荧幕上。他们的前方一望无边，点缀着由风吹起的呈美妙几何形状的风纹，无比壮观。

高：我希望人们能从这作品中感受到大自然造化的神奇美丽。原来，我希望贫瘠荒凉的沙漠在这世界上消失掉，都化作绿洲。现在我想，正是由于沙漠的存在，才给人们带来一种奇特的生命感。置身于沙漠中，能让人感受到寻找绿色希望的信念力量，是何其伟大。沙漠并不仅仅代表荒芜，它还激发出人的生命感和强大的信念力量。

池田：至理名言。照片上的沙漠光景，让我想起了与"敦煌守护人"常书鸿先生的对谈。他在克服严峻的自然环境和种种考验的同时，坚决保护珍贵文物和坚持创作活动，崇高无比。这种支撑着贵国伟大文化的可尊可贵的劳作，让我感动不已。

高：您二位的对谈，在中国也已出版发行。我知道池田先生自少年时代就对敦煌抱有浓厚的兴趣。

池田：是的，那是小学五年级的时候，班主任桧山浩平老师有次问我们：“你们想去世界的哪个地方？”教室里贴着世界地图，我手指的部分正好是敦煌附近。于是，桧山老师说：“池田君，你指的那一带叫敦煌，那里有许许多多的文物珍宝。”真不可思议，沙漠中居然藏有珍宝，这在我心里留下了深刻的印象。在我少年时代，日本是清一色的军国主义教育，所幸的是，我遇到了几位像桧山先生般的好老师。

高：我记得池田先生在北京大学讲演时说过，感恩、报恩，是人该走的“正途”，是“一种精神的表露，人性的精髓”。先生年届耄耋，犹忆师恩，这种精神令我感动之至。

池田：日莲佛法上也列举出有关贵国种种报恩的故事，反复强调知恩报恩的重要性。我毕业后一直保持着与桧山老师的交流。当我出席在桧山老师家乡栃木县召开的总会时，桧山夫妇还特地莅临会场，我终生难忘。还有，我因繁忙，难以出席同窗校友会等，当大家的话题说及我时，据说桧山老师这样对大家说：“池田君来不了没关系，他为实现世界和平，正在世界各地奔波。”尽管历时多年，桧山老师仍然关怀维护着学生，我感激他笃深的慈爱。高先生，有没有哪位老师给您留下特别的印象？

高：有，名叫郭瑞。郭瑞老师是我进入小学时的第一位班主任。其实“占祥”这名字也是郭老师起的。

池田：是嘛！“占祥”这名字挺不错，可以的话，请讲讲当时的情况。

高：还记得我第一天上学，是母亲领着我去学堂的。当时，我的老师郭瑞先生问我：“你叫什么名字？”母亲不好意思地替我答道："还没起名字，村里人都管他叫'小老头'。"郭老师诧异地问道："一个孩子怎么能叫小老头呢？"母亲说："俺家生活很苦，经常吃不饱饭，我身子又弱，所以他一生下来就皮包骨头，脸皮更是松松垮垮的，一哭起来额头上就会出现三道褶子。街坊二婶子说，这孩子长得像个小老头，结果，这句话一传十，十传百，他便有了这么个外号。"说完，母亲恳请郭老师帮我起个名字。郭老师想了想，说道："那就叫'占祥'吧！"从此，我便成为了"高占祥"。许多人都说这个名字起得好，会给我带来吉祥、福寿。每当听到这种议论，我的心底就会泛起对郭老师的感激之情。

池田：原来如此，特别感动人心，也可以说是高先生的人生起点吧。佛法有云"名必有至体之德"。高先生没有辜负恩师给起的名字，赢得了光荣的人生。其实，我的恩师户田城圣先生也给我起了个雅号叫"大城"。这两个字也出现在《法华经》中。"城"也是户田先生自己名字中的一个字。我想，恩师是希望构建和平、文化、教育的"大城"！有关郭老师，您还有什么回忆嘛？

高：当时，因为我们郝家府村没有学校，要去离家十多里的地方上学，我们这些外村来的学生，到晚上就睡在那里的古寺庙。那时候，十几个人挤一张炕，郭老师睡在隔壁的一间小屋子里。夜间漆黑一片，令人毛骨悚然。一天夜里，我去上厕所时，猛然看见一团白色的东西在院中晃动，我以为那白的东西是鬼，急忙转身往回跑，结果一下子撞在门框上，头上撞出了一个血泡。我忍着疼痛扑上了炕，顿时惊醒了炕上的同学们，大家都不知道是什么东西窜到了炕上，被吓得嗷嗷乱叫。这时，郭老师喊道："你们怎么啦？"说着，他点燃一支蜡烛，来到炕边，用一块布条为我包扎了伤口。然后大声说道："哪里有什么鬼？那是一只白狗！"从那天起，郭老师每个夜晚都会拿着蜡烛，陪学生上一次厕所。

池田：总是为学生呕心沥血，关键时刻俨然挺身保护学生。关爱学生的好老师让学生“放心”，力量无穷。从郭老师的身影中，我也看到桧山老师的影子。有天课上，紧坐在我后面的学生突然呕吐，大家都大吃一惊，教室里响起“哇”的叫声，瞬间，桧山老师跑到那位学生身旁，边护理他边对大家说：“大家请安静，没什么要紧事。”又用抹布把呕吐物打扫得干干净净。一切都做得干净利落。课堂上因突发事而喧哗的瞬间，桧山老师以其毅然迅速的举动，使教室顿时安静下来。“桧山老师太棒了！”——当时的那种感叹，至今仍铭记在心。关键时刻的自然举动，最能表现出平时对孩子们的关心程度。基于这种自身的体验，我常强调说：“对孩子而言，最好的教育环境是教师本身。”我创办的创价大学、创价学园的老师们也都以“创立精神”为己心，认真实践着人本教育。

高：据我所知，日本创价大学教育出的大量学生，为社会，为人类，作出了不可忽视的贡献！创价的成功，既值得我向先生祝贺，更值得我向先生致敬。可以说“教育是人才的娘家，社会是人才的婆家”。

池田：感谢您给予高度评价。“教育是人才的娘家，社会是人才的婆家”，的确是寓意深远的对句。创价教育的使命在于培养为人民、为社会作贡献的人才。我时常要求学生们不能忘记根本，即“为了什么的人生”、“为谁做学问”。同时，我也常找机会对他们说“你们有机会在大学里学习的，将来应该为那些想上大学却未能上的人好好服务”。这是创价教育的出发点和精神。而创价教育的目的是：自身的胜利、自他共同的幸福、实现和平的社会。

高：池田先生现在说起的“教育目的”，无需说明，似乎是一个“不言自明”的问题，但如果要言简意赅地把“教育目的”讲清楚，却需要作一番深入思考。从古至今，教育者、教育对象、教育形式、教育内容、教育目的，可谓万象缤纷，各有不同。然而，若是站在人类社会发展的高度看，我认同先生的看法。诚然，教育的根本目的就是通过“教”和“育”，使人获得“仁、义、礼、智、信”等品格，并培养出能够创造价值的人才，从而使人类可以更好地生存、繁衍、发展。所以说，“教育是千秋伟业”，是人类社会的头等大事。二战后，日本能迅速崛起，其最主要的原因就是重视教育事业。历史的经验告诉我们：教育力是强国之路，文化力是富国之根。

池田：“教育是千秋伟业”，说到我心坎上了。教育是左右未来的重要事业，每个国家都在教育上花大力气，希望能得到丰硕成果。我们也不该忘记为了国家利益而使受教育者成为牺牲品的历史。一个最典型的例子就是狂奔于国家主义、军国主义的战前和战中的日本所进行的教育。教育的脱轨将成为未来的祸根。为此，我常发表有关教育的所见。近年曾两次发表教育倡言，2000 年题为《创建以教育为重的社会》，2001 年题为《恢复教育力，绽放内在精神性光辉》。倡言中，我提出了日本现代教育中的种种问题。例如，成年人道德水平的降低导致整个社会“教育力的降低”；随着“人与人”、“人与社会”等关系的淡薄，导致沟通不畅；社会上蔓延着“伦理的欠缺”、“毫不关心”、“冷笑主义”、“视而不见”等病理现象。针对这些现代教育中的问题，之后我又多次在日本的《朝日新闻》、《每日新闻》、地方报等发表文章提出问题。在这些文章中，我最强调的是必须改变思考框架，把“以社会为目的的教育”转变为“以教育为目的的社会”。教育青少年的目的并不是为了让社会、国家利用，相反，重要的是要创造一个整个社会全力以赴教育孩子的环境。曾任美国哥伦比亚大学宗教学部长的萨曼博士早先就提出了这观点。在一次采访中，博士被问到“教育在社会中的作用是什么”。博士首先说这问题的提法本身就不对，他说：“我认为这问题应该这样提‘在教育中，社会的作用是什么’。

因为我视教育为人生命的目的。”博士的观点就是，教育不是社会的一部分，也不是由社会派生出来的。诚如高先生刚才强调的，教育是人最根本的行为。萨曼博士说，他之所以这么认为，是从“释尊教义”中学习到的。在深思教育这行为时，作为“文化力”的一端，高先生列举出“文化创造力”、“文化孵化力”，这就是教育的“文化力”，就是社会在教育中的作用。

高：我在《文化力》一书中论述了21种文化的力量，先生特别关注其中的“文化创造力”、“文化孵化力”，并把这两种“文化力”同教育结合起来，由此可见先生的思维具有前瞻意义和引领价值。“文化创造力”，即文化知识在发明、创造领域所发挥出来的先导力，这种力量主要表现为教育、培养创造型人才，引领和推动人们积极开展发明、创造活动。“文化孵化力”是我提出的一个文化新词汇。众所周知，鸟类需要通过孵化，才能使卵内的胚胎发育成雏鸟。我将“孵化”这一生物学术语，引入到人生哲学之中，并提出了“文化孵化力”概念。著名生物学家达尔文认为，教育应从孩子出生后开始，而我却觉得，人类的教育应从孕育之前开始。因而，我用“文化孵化力”这一比较形象的说法，将“育人”的时间提前了一步。

池田：高先生著作《文化力》中的“文化孵化力”章节里提到“胎儿教育”先于“儿童教育”、“家庭教育”、“学校教育”、“生活教育”，并指出贵国古代在周文王时代就有“胎教”的传统。现代医学认为，胎儿的“听”器官和神经在母亲怀孕六个月内发育完成，呱呱落地前就在母胎里注意倾听各种声音。孕妇通过聆听音乐等培养胎儿丰富的感性，这已成为胎儿教育的一般常识。基于这样的事实，高先生提出了“文化孵化力”观点。“孵化”这说法，在教育方面，也准确地表现出促进人自觉成长的文化力特征。

高： 中国人有一句俗话："龙生龙，凤生凤，老鼠的儿子会打洞。"事实上，"子承父业"在古代以至当代，都是一种比较普遍的现象。个人以为，造成这种现象的根本原因不是遗传基因的差异，而是"文化孵化力"的差异。譬如，对文化活动很感兴趣的家庭具有充足的文化孵化力，因此更容易诞育出优秀人才，相反，如果家庭环境不佳、对孩子的发育毫不关心，则缺乏文化孵化力，因此容易孵化出社会败类。就说孔子，在他看来，培养专才、授予技艺并不是教育的终极目的。池田先生谈教育问题时，特别强调"人格教育"，这种观点似乎与孔子不谋而合。我也认为，"人格教育"才是教育事业的永恒课题，但这个课题恐怕也是当代教育的薄弱环节。

池田： 遗憾的是现实的确如此。不光是教育界，而且整个社会都需要培育熏陶人格的文化力。创价教育之父牧口常三郎先生在其著作《创价教育学体系》中指出，要说创价教育的目标，那就是"文化的人格"。他把受教育前的状态表述为"自然个性"，主张通过教育来形成能够顺利在社会上生存的"文化人格"。创价大学的校名在拟定时，有个方案为"创价文化大学"。2001 年开校的美国创价大学"四项指针"的第一项，就是"培养文化主义的社区领导人"。

高： "人格教育"的"人"是普遍性的，"格"是层次性的，文化教育决定了人格的层次。"文"的终极价值是"化"，文可以化为科技，可以化为经济，而最主要的一点，就是要化为人格，使教育者和被教育者的人格不断地得到完善与提升。

池田： 很尖锐的观点。诚如您说的，教育中同样要求教育者不断提高自己的人格。必须牢记，真正的"教育"是教者也共同成长的"共育"。高先生以前也提到，新时代的领导人，最重要的是要有求人才的心、爱人才的德、用人才的胆略、育人才的道理、接受人才的度量。可见教育者的重要性。我们创价学会自草创期起，就把培养青年视为首要之务，户田先生也常说：“光等是培养不出人才的，要让青年担负起责任，在共事中培养他们。”自己能成长多少，后继人才就能进步多少。青年人是成年人进步成长中不可替代的至宝。怎样才能培养出在社会上闪烁人格光芒、兼备知性和个性的有用人才——很多人、很多团体都在认真努力着。也可以说，这是在混乱社会生存下去的关键所在。过去，牧口先生就社会人的类型提出了一个寓意深刻的观点：一类是不可或缺的人，一类是可有可无的人，一类是绝不需要的人。这是现实社会中论及“人格价值”的观点之一。牧口先生认为，人格价值不是由地位、头衔等外在现象决定的。不管你拥有多么了不起的头衔，你照样有可能属于“绝不需要的人”之范畴。相反，不管有没有社会地位、特殊技能，只要你受众人信赖，具备这样杰出的人格价值，就是“不可或缺的人”。我知道许多无名但受他人感谢、仰慕的“社区栋梁”、“庶民英雄”。因为他们“无名”，所以可尊。只有在“无名庶民”之中，才会锻炼出真正的“人格力量”，而这是虚有其表的人所不能相比的。这“三类人”的概念，可说是相信、启发人之可能性的指针。倘若能发挥出每个人与生俱来的“善性”，定能自然地成为“不可或缺的人”。我常倾注全力鼓励青年说：“一定要有能力，成为大家需要的人才！”“信赖是青年的财产！”“一定要成为不可或缺的人才！”我就是这样祈愿每一个人的成长。

高：我以为，人格就是做人的资格和为人的品格。人格有优劣之分，有高低之别。牧口先生论及组织里有“三类人”——不可或缺的人、可有可无的人、绝对不需要的人，这就是优、中、劣三种人格的价值体现。在日新月异的当代社会，没有文化的人易于迷失自我，没有道德的人则会酿成悲剧。故此，通过教育优化人格，提升人类文化力、精神力、道德力，乃是当代教育的核心。我深深感到，忽视人格教育已成为一个严重的社会问题。那种只重视智育而忽视德育的失衡现象应该“悬崖勒马”了！就让我和池田先生一起为人格教育而呼唤吧！但愿教育工作者乃至全社会每一个人都明白，人格教育是育人的第一要素！我认为当代教育应该着重树立被教育者的“独立之精神，自由之思想”。“听话”并不是教育目的，优秀的人才绝不能拿一个固定模板去复制、去“批量生产”！那种按照物质生产“标准式”的教育，往往只会压制人类想象力，使人类的大脑变得僵化、老化！

池田：您现在的话，与怎样才能发挥出每一个人的个性是相通的。牧口先生在这方面也曾发表自己的观点。他说：人生活在与自然、社会相协调的环境中获得价值，创造出与独特个性相应的价值，为社会文化作贡献，为能实现出生在这世上的愿望而心满意足。对孩子的教育若能达到这地步，就表明实现了创价教育的目的。佛法有云：“不改樱梅桃李各各之当体。”犹如樱是樱、梅是梅、桃是桃、李是李，各具个性，人也一样，人人都有尊严，都有使命和权利让自己的个性之花忠于自己又尽情怒放。让每一个人的个性放光芒、大家和睦协调，为社会文化的兴隆作贡献——培养这种人才也是我们创价教育的着眼点。尤其是在价值观多样化的当代社会，更是迫切地要求教育能挖掘出孩子们的可能性，让每个孩子的个性开花结果。

高：20 世纪 70、80 年代，某些专家针对美、中两国的教育情况进行了系统调查，结果发现美国学校课堂混乱，学生有的随便插话，有的不拘言笑，有的坐姿散漫；而中国学校课堂则整齐肃穆，学生们一律背手而坐，举手答题……这次调查的结论是：未来世界的人才在中国。可惜，事与愿违，20 世纪末至 21 世纪初的多数文化、科学成就却仍然被美国人包揽。于是，专家们又进行了一番“事后诸葛亮”式的研究，并最终作出了以下分析：

美国课堂注重开发学生的好奇心与想象力，允许学生在接受传统知识的同时，发表各种奇谈怪论；而中华学子的知识结构却惊人地相似，甚至连表达方式都千篇一律，宛如是从一个模子里印出来的。显然，美国的教育方式更适合培养创造型人才，而中国的教育方式，却更容易培养出死记硬背的“高才生”。这分析或许没错，不过，我并不反对死记硬背。我青少年时期“死记硬背”下来的一些东西，令我“终生受益”。但是对人类而言，有两种能力比死记硬背更为重要：那就是“举一反三”、“活学活用”！记忆是学习的基础，然而，这一基础，只有与思考、推论、创新、实践、运用等要素相结合，才能构成文化知识的大厦，才能实现教育的真正目的。

池田：您讲出了教育的难处和奥义，而且我也非常赞成您所指出的两种能力的重要性。如果更进一步地说，记忆，即知识的掌握，与后面列举的包含各种要素的智慧，往往容易混淆在一起。户田先生曾一针见血地说：“现代人最大的迷妄是错把知识当智慧。”在户田先生这一观点的基础上，我写了一首诗，题为《和平与友爱的赞歌　教育之光普照世界》，其中写道：

教育以知识为水泵
是汲取智慧泉的力量
教育让你拥有清新的向上心
是磨炼德智体的场所

因为有善用知识的智慧，才可能创造价值，产生多样化的丰富想象。同时，旺盛的求知欲能开启智慧大门。个中告诉我们努力学习的重要意义。

高：中国人有一个成语“异想天开”，我对这个成语的解释是：只有“异想”，才能“天开”。世界上的问题，往往不会只有一个答案。可是在中国，却有很多老师要求学生“一字不差”地将他所传授的答案在考卷上复述一遍！这种教育方式直接导致了一种既可笑又可悲的现象：某些中文系大学生连一篇像样的文章都不会写，因为他们只懂得背诵、引用，而不懂得创作！因此，我非常赞成池田先生所说的，“教育要完善人的个性”这一观点。无论家庭教育、学校教育，抑或社会教育，都不应磨灭人的个性。从某种意义上来说，教育的目的就是要完善人的个性、解放人的个性，把人的无限潜能激发出来，使其绽放出绚丽的个性花朵，创造出独特的个人价值。关于这个问题，我们还需要防止两种偏向：一是以“金科玉律”来压制、限制乃至打击受教育者的“奇思妙想”，令之“不敢越雷池半步”；二是过于纵容受教育者，令之随意妄为，无法无天，甚至危害社会。能否做好这两点，堪称“育才”成败之关键。

池田：对，人不是独自一个人能够活在这世上的，同时，人的个性也不可能独自发展。在家庭、学校、社会，受他人的启发、鼓励，通过与他人的交流得到锻炼，个性才能逐渐成形。切磋琢磨在教育中起到重要作用。从这意义上来说，“孵化”两字的表达最为确切。老师精心浇灌、培养学生的恩情是无法估量的。

高：刚才讲到的郭老师不仅无微不至地关心我们的生活，更竭尽全力地引导我们的学习。他时常为我们讲解《三字经》中的故事，“头悬梁，锥刺股，彼不教，自勤苦”，这些启蒙教育，至今都影响着我的人生。时至今日，尽管郭老师早已辞世，可他的精神却始终照耀着、温暖着我的心。当我撰写《新三字经》时，曾怀着崇敬的心情，写下了一段“感师恩”的文字：

我学子，重师礼，感师恩，为人梯。
燃红烛，化春泥，呕心血，育桃李。
授知识，传道义，人才群，功德碑。

池田：真让我感动。高先生真挚报师恩的崇高精神打动我心。日莲大圣人指出：知恩为上，报恩为先。我不忘户田先生常说的“知道报恩的人是人中人”这句话。报恩的人生是美丽的，对承蒙关照的人报恩，这样的心态能提高自己，促使自己进步成长。报恩的人是人生的胜利者。教育的重大使命就是教给我们人生的根本之道。

高：我有同感。道德心是人性之根，而感恩心则是道德心的基础，也是人性的精髓。古语有云：滴水之恩，当涌泉相报。知恩图报，是为人处世的基本道德准则。真正的贤人，往往谨记旧恩、力求相报。西汉名将韩信年轻时非常贫困，有一位漂母（洗衣服的大娘）见他饥饿，便将自己的饭赠给他吃。韩信为此感激不已，终身不忘。多年之后，韩信功成名就，荣归故里，他特意找来漂母，赠之千金，以报答当日的一饭之恩。虽然韩信并非完人，但是通过这件事，我们可以看到他闪亮的道德心。

池田：卢梭的教育小说《爱弥儿》，表达了感谢恩人这做人最自然感情的重要性。其中写道：“就算被恩人忘记，又怎么可能忘记恩人呢。相反，他总是喜滋滋地说起恩人，思念恩人，感激恩人。”切莫忘记报恩感谢心——尤其是珍惜最贴身的父母的人，才可称得上是真正接受过教育的人。我常对青年说：“要好好孝敬父母亲！”尽力孝敬父母的人，必定持有报恩心，并相信自己一定会有胜利人生。

高：您说的有道理。一个有感恩心、道德心的人，首先会竭力报答父母。我交友的第一原则就是看他是否尽孝，如果这个人连父母都不爱，那万万不可深交。先秦大贤曾参，似与我有同样的原则。曾参门下原先有一个才智过人的弟子——吴起，吴起求学时，闻知母亲去世，不肯回家奔丧，曾参见他如此，便将他逐出了师门。事实证明，不奔母丧的吴起，最终虽成为了一代名将，但为人处世却冷血无情。周威烈王十四年，齐国进攻鲁国，鲁侯有意任用吴起为将，但因吴起之妻是齐国人，所以犹豫不决。这时为了获得鲁侯信任，吴起杀死了妻子。我想，如果吴起的岳父能够像曾参那样有远见，就不会把女儿嫁给有才无德的吴起了吧！父母之恩，昊天罔极。父母是儿女最大的恩人。幼年时，我的父母经常忍着饥饿，尽力省下一些食物，让我多吃几口。父母对我的恩情，使我感入肺腑，却无以为报。1951年，我进入北京印刷厂工作，第一次领到了工资。尽管只有八元钱，可当时在我眼里，却是一笔巨大的财富！下班后，我兴奋地跑进百货店，为父亲和郭老师买了北京二锅头，为母亲买了一件蓝布上衣，还为姐姐买了十块水果糖。到家后，我叫了一声："爸爸、妈妈！"随即便掏出水果糖，喊出了一句当年的流行语："我们的生活比蜜甜。"可惜，不久之后，我的父母便相继去世。回想当年，我总觉得自己对父母孝敬得不够。"树欲静而风不止，子欲养而亲不待"，这简直就是人生最大的悔恨，最大的悲痛！

池田：当父母亲接下您用第一份工资买给他们的礼物时，有多高兴啊。日莲大圣人说："亲之所言，勿为忤之，必奉亲以所喜，纵无有可奉者，一日二三度笑颜以向可也。"对父母亲来说，高先生的笑脸和成长进步是最好的孝顺。今年5月和我会见的加拿大名校拉瓦尔大学的布利艾尔校长也非常孝敬父母。在他访问创价学园时，学园生们问他："校长先生，您怎样看待孝敬父母？"校长答说："这问题提得好，我母亲将近九十九岁，我是按照她说的，一直走在信念大道上。”校长诚挚地回答学生们的提问，我佩服他是位真正的教育家。校长母亲曾说：“人生中一定有你该做的事，不是出于义务，而是要秉持自己的信念，敢于行动。”至理名言！我在创价教育的同窗会、高中生大会上，介绍了校长母子的佳话。又通过佛法对大家说：“母恩如大地，如大海。要好好孝敬父母，尤其是母亲。”牧口先生指出：“母亲是天生的教育者，是未来理想社会的建设者。”他强调了母亲在家庭教育中的重要性。在家庭教育观点上，高先生对母亲的教育作用有何看法？

高：母亲是孩子的第一任教师，母亲的教育，会深刻、永久地影响孩子的综合素质。我们甚至可以认为，母爱的内涵及形式，决定着一个民族、一个国家的未来。蹒跚学步的孩子如果跌倒，母亲应该怎么办？在当代中国，很多母亲会立即抱起孩子，并对孩子再三抚慰，某些孩子原本并不觉得疼痛，可是在母爱的感染下，却会号啕大哭，甚至撒娇耍赖。而在西方世界，大多数母亲则往往会鼓励孩子自己爬起来，并继续向前走下去。这种现象不仅体现了中西母爱的差异，同时也令一些人为中华民族的未来而忧心。事实上，中华民族原本并没有溺爱孩子的“传统”。《三字经》中有云：“昔孟母，择邻处；子不学，断机杼。”

池田：就是那著名的孟母“三迁”和“断机杼”逸话。自古，日本的家庭教育也以贵国这些聪慧的教育传统为鉴。高先生担心的问题日本也有，可以说，是当代社会的通病。“辛勤三十日，母瘦雏渐肥”是白居易的名句，古今东西，不管何处，伟人的身后必定都有位不辞劳苦的伟大母亲。

高：孟轲的母亲堪称中国母亲的楷模。“子不学，断机杼”是一种既严厉又生动的教育方式，正因如此，孟轲才会发奋求学，并最终成为儒家学派的亚圣。新中国的开国领袖毛泽东从小也深受母亲熏陶，母亲“文七妹”这个连名字都没有的妇女（“七妹”为排行，而非正式名字），却以言传身教的方式，影响了毛泽东的幼小心灵，使他发奋求知，献身革命，最终改变了中国的命运，影响了世界的格局。贤良的母亲能培养出伟大的儿子，而鼠目寸光、贪图小利的母亲，却会导致孩子误入歧途，以至自食恶果。

池田：对，我们创价学会也是由贤明聪慧的母亲们支撑着，而且她们在努力培养着下一代肩负世界和平的后继人才。

高：童年时代，我的母亲对我管教甚严，对我说：“人要有骨气，要堂堂正正，一辈子不能去偷人、骗人，更不能去坑人、害人，不然就没人味了。”母亲的话像种子一般，播撒在我稚嫩的心田，渐渐地生根、发芽、开花，从而使我步入了人生的春天。转瞬间，六七十年过去了，母亲的教诲始终伴随着我，鞭策着我，影响着我。2007 年母亲节，我写了一首白话诗献给我的母亲，以及全天下每一位母亲：

如果有人问我，
谁是你最崇敬的人？
我会毫不迟疑地说：
那就是我的母亲。……

我要一千遍一万遍地说：
母亲的恩情啊比海深。
不管他是谁，
只要不孝顺自己的母亲，
他就是一个没有良心的人；
不管他多么富有，
只要不热爱自己的母亲，

他就是一个分文不值的人；……

母亲啊母亲，
孩儿永世不忘您的恩，
报得三春晖，
永葆寸草心。
倘若真的有来世啊，
我还要做您的儿子，
报答我永远报答不完的养育之恩！

池田：我眼前仿佛浮现出少年时代的高先生和母亲嬉闹的快乐情景。我也在 1971 年 10 月创作了一首题为《母亲》的长篇诗，在关西母亲们的集会上发表，又于五年后的 1976 年 8 月，从中选取歌词，创作为歌曲《母亲》。为长篇诗《母亲》配曲，是为感谢那些顽强的庶民母亲们，她们为祈愿世界人民的幸福与和平，不分昼夜忘我奉献。现在我介绍一下《母亲》的歌词，再次表达我对全世界母亲的敬意：

母亲啊！我的母亲
您蕴藏着无限魄力
多么广博　多么充实　多么不可思议
倘若在这世界上
没有您伴在身旁
我们似浮萍漂泊
无所适从天涯流浪
永远失去回归地方

母亲啊！我的母亲
任凭暴雪狂风欺凌
默默地为我祝福
挚爱的　我的母亲
愿你梦想添上翅膀
浩瀚无限天际翱翔
直到美梦化成现实
一切努力终得报偿
祝你平安　祝你健康

两位年轻的妇女认真地为这首歌作曲，在我母亲（名叫一）去世的一个月前完成。发表这首歌是回想母亲苦难的一生，更为赞扬自草创以来为开辟和平道路的几百万母亲们。如今，不仅在日本，世界许多顶级艺术家们也歌唱、演奏这首歌。我再次深感到，对母亲的情结是万人共通的，超越国境和民族。现在，我们“创价的母亲”已遍及世界一百九十二个国家和地区，她们在让友情之花、对话之花怒放的同时，建设着“和平的团队”。与我出版发行对谈集的美国研究和平之母艾利斯·波尔丁格博士以期待的心情对妇女和母亲们说：“母亲花很长时间在听孩子们的分辩，所以妇女比男士更善于听别人说话。她们听到的很多内容都是男士们从未听过的。所以，妇女可以成为杰出的和平创造者。”母亲、妇女不愧是承担“和平文化”的先驱和建设者。大家由衷尊敬和关心母亲是迈向和平的第一步，我认为尽心让母亲高兴是开启下一代文化的关键。我心里回响着活跃在贵国解放前动乱时代的大诗人闻一多先生的呼吁：“母亲对待儿子总是慈爱的，愿为儿子操劳，忍耐，甚至勇敢地牺牲，从母性出发的真女性是刚强的，具备一切美德如：仁慈，忍耐，勇敢，坚强，（中略）将来的文化要由女子来领导。一切都以妇女为表率，为模范，为中心。”

第八回
普照世界的“人间革命”之光

池田：过去我曾经向汤因比博士提问：“从历史的角度来说，如果能重生的话，您愿意在地球上的哪个时代和地方出生？”俯瞰古今东西人类史的伟大历史学家汤因比博士明快地回答说：“我愿意生在西历纪元开始不久的中国新疆。”那时的新疆，除已传进佛教之外，印度、希腊、伊朗、中国多样化的文明在此交汇融合。“希望能在如此缤纷的舞台为和平事业尽力”是汤因比博士对贵国的心意吧。如果是询问您高先生，您将怎样回答我呢？

高：其实，我时常在幻想，如果我能生活在盛唐时代，聆听李白、杜甫、王维这些巅峰级的诗人谈诗论艺，即便让我做一个门下弟子甚至随侍苍头，也心甘情愿。除了诗歌以外，我还对书画抱有浓厚的兴趣，而盛唐时代既有着颜真卿、张旭这样的大书法家，又有着吴道子、阎立本这样的大画家。假使能回到那个时代，当场欣赏一下他们挥毫泼墨，那简直就是我最大的荣幸和享受。池田先生也知道，我是酷爱传统戏曲与舞蹈的。盛唐还是中国乐曲、歌舞的勃兴时期。当时唐明皇在都城长安开办梨园，并且经常对梨园子弟进行声乐指导。不过，纵使回到盛唐，我也未必有机会和皇帝探讨声乐问题。但只要能在禁苑外远观、旁听一下梨园子弟的表演，那也足以“三月不知肉味”了。

池田：我能充分想象到高先生在所憧憬的长安古都与文化巨人们舒心畅谈的场面（笑）。唐朝，不仅中国文化的花朵烂漫怒放，而且东西方的交流也特别活跃。印度、波斯等文化通过丝绸之路荟萃在中国，长安是名副其实的世界文物和各国人民济济一堂的国际都市。在这时代，贵国的优秀文化也传到丝绸之路终点日本，让日本受到贵国许许多多文化恩惠的润泽。发祥于印度的佛教也经由贵国传入日本。今年适逢与唐朝文化有着密切关系的奈良迁都一千三百周年，在隆重盛大地举行着各项纪念活动。日本人对作为文化源流的唐朝也倍感亲切，觉得特别浪漫、特别令人向往。假如高先生生活在盛唐的文化、艺术古都，准是如鱼得水吧。

高：我相信，假如我和池田先生一起回到盛唐，那么池田先生一定会像阿倍仲麻吕（汉名晁衡）一样来到中国，在朝堂、文坛上一展身手；而我也会像鉴真法师一样远渡日本，向日本人民传播华夏民族的友谊与文化。然而，尽管盛唐文化鼎盛，可毕竟已成明日黄花，一去不返。作为一名文化工作者，我不能总是留恋于过去，而是要着眼于现在，放眼于将来。

池田：对，于唐朝翻译的《心地观经》中写道：“欲知过去因，见其现在果。欲知未来果，见其现在因。”我知道，贵国为建设一个理想的和谐社会，正大力投入于文化、教育事业。当今，随着信息化的加速，全球化浪潮急速地缩短世界各国的距离。过去，汤因比博士曾用“距离的消灭”来表现当代技术发展的特征。互联网的普及、信息通信技术的发展，不仅增强了个人的发言权，而且还能广泛地与多人交流，可以说是进入了一个前所未有的新文化大交流时代。我希望能带来“心际距离的消灭”。

高：手机是对话的火箭，互联网是信息的海洋。在信息快速发展的今天，文化力不仅登上了前所未有的平台，而且为文化力的传播和人际关系的交流、对话开辟了无限广阔的道路。譬如，以往身处两地的诗人若想酬唱诗歌，那必须先舞文弄墨，再鸿雁传书，一来一往，不知要耗费多少时日，才可写出寥寥数首作品。而现在的诗人，只需一个手机短信，一封电子邮件，便能当场进行文字交流。总之，发达的信息平台，能迅速将文化转化为“联结地球的文化力”，成为政治、经济、科技、教育等各个领域无限度的牵引力。从发展来看，未来的文化力要比生产力“疯狂”得多，在从工业经济时代向知识经济时代的发展进程中，文化力将逐渐成为社会发展的主导力量，我们将会迎来文化力的新时代。

池田：为能富有人性地引领这样的时代潮流，作为基础的教育将越显重要。必须提高文化力和教育力，必须加深人与人的交流。诚如苏格拉底和柏拉图这对师徒对话中所体现的，教育是以人格塑造人格的人类神圣事业。通过教育升华的“文化”，其本质就是生命与生命的触动。如果没有这种生命与生命的触动，将不可能创造出高尚的文化。大家都知道，英语的“culture（文化）”一词的来源出于拉丁语的“cultura（耕作）”。耕作人这富有潜力的大地、让才能萌芽成长的过程，与“文化”相通。从这意义上来看，“文化”就是耕耘自己、锻炼自己，“文化力”的渊源可以说就是教育。

高：教育是文化的动力，文化也是教育的动力。文化力需要教育的滋养，也能推动教育的进步。而且，教育中不可或缺的是道德。道德，是大江流水，纵然轻柔，却是无坚不摧。道德，是寒冬红日，虽不热烈，但能温暖人心。传道育德的关键，在于教化。宋代著名历史学家司马光曾经将人分为四类：一、德才兼备者，为圣人；二、德胜于才者，为君子；三、才胜于德者，为小人；四、德才皆无者，为众人（愚人）。在他看来，有才无德的小人，非但比不上德胜于才的君子，而且还比不上德才皆无的愚人！因为愚人虽然无德，但也没有制造罪恶的聪明才智，而小人的聪明才智，却会成为他们祸害人间的资本。由此可见，教育必须以德为本，只有先培养被教育者的道德心，才能确保他们将所学之能用于正途。

池田： 您指出的祸害人间的小人，佛典上称之为“有才能的畜生”。前面我们提到的唐朝，也在一时期把关于道德的儒教经典指定为教育教材，人们虽然对以此为基础的科举制度的功过众说纷纭，但在那时代，道德的教育教化被认为是社会的关键。与这盛唐文化竞相怒放的同时，在中国佛教史上，妙乐大师恢复了天台教学。思想、道德、教育与文化的复兴，我认为与社会的和平密切相关。

高： 对，孔子门人三千，贤者七十二，其中不乏文学、政治、商业等各方面的人才，可孔子最钟爱的弟子却是颜回。“贤哉回也。一箪食，一瓢饮，在陋巷，人不堪其忧，回也不改其乐。”这是孔子对颜回的至高评价。正因为有着安贫乐道的精神，以及一颗近乎完善的道德心，所以他才会在师兄弟中脱颖而出，成为儒家学派的“复圣”。

池田： 恩师户田城圣先生曾经问过我：“孔门十哲中，你最喜欢谁？”我的答复是“颜回”。孔子与门下颜回的年龄差为三十岁，户田先生与我的年龄差也几乎是三十岁。我忘不了自己年轻时阅读的《史记》中孔子与弟子们的对话场面。就此，我也曾与贵国曲阜师范大学原校长宋焕新博士谈论过。《史记·孔子世家》记载，孔子周游列国推行“仁义”之道，曾受困于陈国和蔡国之间。弟子们这时“有愠心”，子路反问老师：“意者吾未仁邪？人之不我信也！意者吾未知邪？人之不我行也！”孔子否定了子路的想法，告诉他过去仁者智者也受迫害。接着，子贡说：“夫子之道至大也，故天下莫能容夫子。夫子盖少贬焉?”孔子对此又加以否定。然后，颜回说：“夫子之道至大，故天下莫能容。虽然，夫子推而行之，不容何病？不容然后见君子！夫道之不修也，是吾丑也。夫道既已大修而不用，是有国者之丑也。不容何病？不容然后见君子!”听后，孔子含笑首肯。这像是历历在目的师徒对话场景，是象征颜回人格的逸话，我青春时代就把它铭刻于心底。人格教育的真髓就是教给我们人生根本之道。教育是生命与生命的促动、塑造人格这最高价值的奋战。高先生对自己的儿子要求严格，希望他有崇高的人生目标。曾已介绍过的高先生的诗《假如我明天死去》，表达了自己对孩子的心情，其中一节是：

> 假如我明天就要离开，
> 留下的叮嘱只有一句：
> 做堂堂正正的君子，
> 谨防小人背后算计。

我认为，贵国教育的根底中，始终贯穿着塑造健全人格的理想。已是三十六年前的事了，1974 年我首次访问贵国期间，参观了北京的新华小学，我对学校所进行的启发教育深表赞同。不偏向智育，而是德育、智育、体育全面发展，为掌握社会知识，还给高年级学生开设“常识课”。近年，我常有机会与来自贵国的在创价大学当交换教员的先生们交谈。在一次恳谈中，提到现今的教育以“知识”为重点时，贵国的教师们强调指出：如何培养真正富有人格的学生、怎样培养有学问又有崇高价值观和道德的人才，是中国教育的最大焦点。在此，我想请问高先生，如今贵国教育的重点是什么？

高：池田先生认为，教育是生命与生命的促动、教育创造价值，对此我非常认同。温家宝总理强调说："百年大计，教育为本；教育大计，教师为本。"要说当今中国教育的重点，近三十年间，中国教育发生了诸多变化，尤其是我国经济体制向市场经济体制转型以来形成的物质文化等因素，给中国教育带来了极其重大的影响。甚至可以说，这些文化因素在一定程度上左右着中国教育发展的走向。不可否认，中国目前的基本政策，仍然以经济建设为中心。这就决定了教育事业亦不得不围绕这个中心而发展。科学技术是第一生产力，因此，科技教育也被视为中国教育的重中之重。"学好数理化，走遍天下都不怕。"这句话在上个世纪80年代已在中国社会广为流传，与之相对的是，人文教育却渐遭冷遇。不过，这种"以智为本"、"重理轻文"的教育模式，在特定时期亦能驱动中国科技的发展。如深圳构造了以研究生教育为主的大学城，东莞建立了高科技产业"孵化器"，北京中关村更是汇集了六十八所高等院校、二百一十三家研究机构、三十万在校学生，形成了一个引人瞩目的科技区。由此可见中国当代教育的丰硕成果。

池田：今年举办的上海世博会，也荟萃了贵国产业、科技的精华。对上海世博会的圆满成功，再次表示祝贺。贵国的胜利是教育的胜利，因为以教育为本，所以贵国的发展势头不停顿。我有好多位朋友是贵国著名的科学家，如曾在上海会见的钱伟长博士、原北京大学校长周培源博士等。今年在日本见面的清华大学校长顾秉林先生是著名的物理学家，西安交通大学党委书记王建华先生是贵国第一位电器专业博士。他们不仅是科学前沿的专家，而且都有崇高的人格。曾和我尽情畅谈的中日友好协会会长宋健先生，既是宇宙工学领域的科学家，又兼备深邃的思想。他说，人类必定会有什么值得向未来传承的，既然如此，就必须传承精华，即便是来世，也必须继承精华思想。他的发言，让我感觉到哲人的风范。这些富有精神性和哲学性的卓越科学家们，体现出贵国的深奥。

高：谢谢。另一方面，近年来，中国社会贫富悬殊、两极分化的现象日趋严重。学生、家庭、学校都在争夺优质教育资源，这就把人们都逼上了应试教育这座独木桥。它狭窄拥挤，但却直通大道，易于求成。名牌大学、高等学校甚至成了名利的争夺场，学生的分数和学校的升学率，则成为了评判教育得失的唯一标准。随之，“以德为本”、“德智体美全面发展”等传统教育口号，却几乎沦为空话。校园虐打、校园残杀、学生自杀等骇人听闻的犯罪事件，在中国却已屡见不鲜。与此同时，一些学生的心理素质也急剧下降，抑郁症、狂躁症已被列为中国青少年的常见疾病。

池田：一想到青少年痛苦烦恼，我的心宛如被刀割。当今日本的教育界，也面临着不登校（拒绝上学）、欺负虐待等严重问题。针对这些问题，当务之急是须从家庭、社区、学校等多层次多方面相互合作尽力解决，也须教师等相关人员的竭诚努力。我们创价学会教育本部一直在这方面采取种种措施，自 1984 年开始记录的教育实践事例累计已逾四万例，是很宝贵的一手资料；在全国三十四个点开设的面向当地区域的教育咨询处，自 1988 年开设以来，已有三十五万人次前来咨询商量。近年，我也与多位世界著名教育家对谈，各国都有不少问题有待解决。因此，我们必须重新认识教育的出发点，即“关爱培育青少年”、“教师是最好的教育环境”。在北京第一实验小学建校八十周年之际，我的贺辞中写道：“好种出好苗，好苗开好花；优秀少年成长为优秀青年，优秀青年成长为杰出的社会领导人。”在青年教育方面，高先生认为最重要的是什么？

高：青少年是祖国的未来，民族的希望，人类的春天，家庭的朝阳。他们犹如一方璞玉，需要用真诚来雕琢；如一株幼苗，需要用爱心来浇灌；如一张白纸，需要用彩笔来绘描……首先，我们应该将奋进不已的精神力，传授给青少年。一般说来，家长非常重视孩子的身体健康，而学校则把主要精力放在了灌输知识上。惟独青少年的精神力，似乎没有多少人关注。整个社会都追求“当官”、“发财”等功利性的理想，这种风气已入侵校园，使原本应该天真无邪的莘莘学子，也变得慕羡铜臭、俗不可耐。要改变这种状态，我们需要的不仅是学校的教育，而且是全社会每一个人的言传身教！

池田：孩子是映照成人社会的镜子。常有人说，当今的青年人“没有理想、没有忍耐力”等，其实，不得不说这正是唯利是图的成人社会的反映。孩子们注视着大人的言行和人生观，说是教育孩子，其出发点首先是大人自身的改变，大人们要坚持不懈地学习、不断进行自我改革。大人们要以身作则地为他人、为社会作贡献，要让年轻人明白，只有在这样的人生观中，才能感受到人生的充实、价值和喜悦。佛典有云：“喜，即自他共喜也。”既没有自己一个人的幸福，也没有光是他人的不幸。今后的社会，不可或缺的是“共生”、“自他共喜”的精神。

高：我并不是教育学家，对于世界各地的教育现状虽然稍有了解，但却知之不深。不过我认为，现代教育存在着几个较为普遍的问题，其中一个是教育资源的两极分化。刚才提到的贫富两极分化，造成了教育资源配置的两极分化。富裕国家、富裕地区、富裕阶层的孩子，享受名师云集、设备精良的优秀教育资源；与之相反，贫困国家、贫困地区、贫困阶层的孩子，却面临着师资短缺、校舍破旧的教育环境，有大量特别贫困的孩子，甚至被剥夺了“受教育”的权利。这种教育的不平等权，应引起世人特别是教育部门的关注，树立教育平权意识，把教育平等权作为发展教育的大方向。前几年，中国有一个关于民工子女的小品在社会上广为流传，小品的主题是“别人与我比父母，我与别人比明天”。看到这样的口号，我却感到有些心酸。因为据我所知，绝大多数的民工子女，根本没有条件接受良好的教育。如果不采取更有效、更普及、更深入的义务教育制度，任由教育资源继续两极分化，恐怕民工子女以及所有贫困的孩子，是无法与精英子女“比明天”的。

池田：我充分感受到高先生对孩子们的深爱和对教育的热忱。我们创价的先师、真正的教育家牧口先生和户田先生，也是一心为孩子们的幸福而祈愿、并为实现这愿望而奔波。我从高先生身上感受到与牧口先生、户田先生一样的对教育的满腔热忱。教育的两极分化是很严重的问题。这种倾向在日本也日趋明显，已敲响了警钟。肩负未来的孩子，有接受平等教育的权利，而保障这种权利是成人社会的责任，是应该认真对待的课题。汤因比博士在与我的对谈中说：“我们的技术与伦理之间的差距已呈现出前所未有的距离。”这种现象如果持续下去的话，会给人类社会的精神文化带来深刻的影响吧。

高：我认为，文化力、精神力、道德力是支撑人类社会的三种力量，甚至可以说是支撑信仰大厦的三根擎天柱。我们的高等学府，应该用文化力、精神力、道德力来培育栋梁之材。目前，也有一些国家、地区、学校的教育，是竭力避免两极分化，同时兼重精神、道德的。譬如贵国日本的义务教育制度就颇为完善，而池田先生所创办的创价大学，则在传授文化的同时，也非常重视培养学生的精神力、道德力。教育人道主义是人道主义精神在教育中的体现。教育人道主义的传统在东西方都由来已久。创价大学自创始以来到现在，始终重视培养创造价值的人才，坚持对学生进行人格教育，关心和解决学生在学习、生活中遇到的实际问题，使教育人道主义不是停留在口号上，而是体现在教学的实践中。

池田：感谢您对创价大学的评价。为实现牧口先生、户田先生的创价教育理念，我于四十年前创办了创价学园和创价大学。我认为今天的时代比任何时代都需要人性教育。与刚才讲到的教育平等权相关联，终生教育也将是一个重要课题。教育的门户，本来就不应分年龄、职业、居住地，而该平等地向所有的人开放。创价大学自 1976 年就开设了函授教育，至今约有一万四千人获取学士毕业证书，两千三百余人考取教师资格证。听说贵国正在认真实行着教育制度的改革等。今年夏天，贵国发布了《国家中长期教育改革和发展规划纲要（2010—2020 年）》。现在，我正与中国教育学会会长顾明远先生以书信往来的方式开展对谈。从顾会长认真探究教育应有之道的态度中，我深深地感受到贵国有识之士的心意。教育的理想是没有终点的，认真的努力一定会成为开创无限未来的因。强调教育人道主义的高先生的主张，我确信将会成为远大的目标。

高：谢谢，实现教育人道主义，我觉得面临着两个问题：一是如何把握人的个性与社会性二者的关系问题；二是如何更好地培养师生的爱心问题。首先是个性与社会性，我觉得学校和老师要充分地尊重学生的个性，帮助学生不断完善个性，千万不要泯灭学生的个性，千万不要采取不顾及个性而偏于划一的机械化做法，这种培育人道主义有益于培育有创造性的尖子人才。同时，要帮助学生处理好个人的个性与社会性的关系。不能无限自由地任意发展个性，而是要让人的个性与社会性保持着既服从又超越的和谐关系，防止教育与社会疏离，防止个人与群体对立。我们应该将良好的思维方式，传授给青少年。思路决定出路，青少年的“思路”决定未来。更甚者，思维比知识更为重要。当牛顿看见苹果成熟时，总是落在地上；当瓦特看见开水沸腾时，壶盖啪啪作响……他们并没有采取“理该如此”、“上帝的安排”等“一贯说法”来解答心中的疑惑，相反，他们凭着上下求索、探其究竟的思维方式，最终找到了真正的答案，并且为国家、为民族、为世界作出了巨大贡献。由此可见，青少年的思维方式，不仅决定其个人前途，也决定着人类的命运。

池田：我们在上回也讨论过有关“知识与智慧”的问题，我赞成您说的思维比知识更为重要，因为只有这样，知识才能得以深入。牧口首任会长在这方面的观点是：“教育的目的不是知识的传授，而是指导学习方法、掌握研究方法，不是零售和灌注知识。靠自己的力量掌握如何获取知识的方法，等于是给了一把打开知识宝库的钥匙。”同样，个性与社会性保持平衡也是项非常重要的课题。创价大学积极开展为社会作贡献的活动，在学校所在地举办的社区“创建街委比赛”中，有的研究班连续两年荣获最优秀奖。美国创价大学在校庆日（5 月 3 日）前后，通过举办“国际节”，广泛加深与社区的友好关系。时代不同了，但牧口先生过去提倡的“半日学校制度”、边劳动边学习，我认为是人性教育的肥沃土壤。我们创价大学的传统是“学生第一”，我常对大学的领导们和相关人员说：“什么是创价大学的生命？它既不是大楼，也不是教授，而是学生。”我们能为学生的成长做些什么——这就是教育工作者的奋战。

高：对，我们想到一块了。实现教育人道主义面临的第二个问题是如何更好地培育学生的爱心问题。几千年前，中国的思想家、教育家们，就曾经为了“如何去爱”这个问题而各抒己见、相互辩难，争论不休。先秦时代有两大学说最为令人瞩目：即“墨家兼爱”与“儒家仁爱”。其实，“兼爱”与“仁爱”，都闪烁着人道主义的光辉。我记得《弟子规》中写道“泛爱众，而亲仁”，这就是孔子所强调的“仁爱”。我在《新三字经》中写道“兼相爱，交相利”，讲的是墨子的“兼爱”。“兼爱”是伟大的、理想化的爱，而“仁爱”却是现实的、人性化的爱。都是教育人道主义应有之内涵。“爱”应该有尺度么？我的答案是：必须有！中国古代有一个寓言——《东郭先生和狼》。寓言中讲道，东郭先生极有爱心，毫无尺度地去爱这个世界。有一次，他看见一匹狼被人追杀，出于“人道主义”，他救了狼。可是狼在脱离险境之后，却反而要吃东郭先生的肉。东郭先生的故事告诉我们，“爱”必须有尺度。真正的人道主义理应是除恶扬善、帮助值得帮助的人，而不是混淆是非，打着人道主义的招牌，去纵容恶人、恶行，并给予他们继续作恶的机会。所以，在实现教育人道主义之时，决不能忽略教育学生怎样去识恶、防恶、制恶、除恶。

池田：非常重要的观点。佛典有云：“无慈诈亲，即是彼怨。”“为彼除恶，即是彼亲。”严格强调对恶的置之不理和慈悲是正相反的。牧口先生曾常说：“没有勇气成为恶人之敌人的人，是不可能成为善人的朋友的。”牧口先生曾经问道：“不做好事与做坏事，是一样还是不一样？”对这突如其来的提问，被问的人张口结舌无言以对，于是牧口先生举例说：“你看见睡得正香的孩子把被子给踢开了，可你没有给孩子盖上，就等于是没有做好事。结果是孩子因着凉而感冒。掀去盖在孩子身上的被子是做坏事，而其结果与前者相同。由此可见，不做好事与做坏事的结果是一样的。”牧口先生强调的是“积极地做好事”、“要做大好事”！教育必须引导人们走向正确的人生道路，教育的价值在于传授正确的人生本质。

高：“恶”中之一为忘恩。忘恩之徒遭人们的鄙视。当然，自古以来也不乏忘恩负义之徒。这些人至少有着两张面孔：求人时谦恭卑下，一脸哀情；发达后盛气凌人，满面骄横。“苟富贵，毋相忘”，这只是贫贱时的说法，一旦升了官、发了财，他们非但不会报恩，有时甚至还会打击、迫害当日的恩人，以免对方重提自己往昔的窘态。君子与小人之分，首先在于道德心。那种“宁可我负天下人，不可天下人负我”的奸诈之徒，虽然能取得一时成功，但却难以有真正的朋友，还可能留下千古骂名。

池田：这是严峻的人学。不管是东方还是西方，忘恩负义者的下场是凄凉悲惨的，这是铁则般的历史事实。那么，报恩又为什么重要呢？佛法上视森罗万象相互影响为缘起，这也是佛法的基础，对一切众生、父母、恩师、社会的恩，要知恩图报，佛法特别重视这种报恩之德。知恩图报，不仅针对世人社会，而且同样针对孕育人的自然。这种和谐与共生的思想，与印度、贵国为首的东方哲学一脉相通。

高：东方哲学，包括中国哲学、印度哲学、日本哲学等亚洲地区的哲学，可谓博大精深。诚如您说的，东方哲学重视综合的思维方式，秉承人与自然整体不可分的和谐观念。东方传统的“天人合一”的哲学理念，将会对由西方哲学带来的负面效应，起到一定的纠偏作用。随着东方诸国经济的高速发展和政治地位的不断提高，东方哲学在未来世界的发展中，会发挥出越来越大的引导作用。东方哲学是一个开放的思想体系，应从西方哲学中，吸取有益的营养，使东方哲学在开放的进程中，不断地得到新发展。东西方哲学应该“阴阳互补”，和谐发展。因此，我觉得东方哲学应与西方哲学并立，形成当代文明的两大思想支柱。当然，东方哲学不只是古典哲学，还应包括当代哲学。

池田：您提到的“天人合一”是中国自古的哲学观。“天”是天道，指自然、自然的法则；“人”是人道，指人为。天道与人道其根本相一致，人心、人性中兼备天性、德。日莲佛法阐述“依正不二”法理，它本是由中国的妙乐大师下定义的。简洁地说，依报这环境与正报这主体（指自身）是一体不二的关系。即，自身与环境表面上是“二”，但根本上是“一”。因此，如果人类迷失和谐共生的思想，前进在错误的方向，那么社会就会混乱不堪，自然也将受到威胁。佛法解说的法是促进人精神变革的法，树立了生命变革的原理，即“只要实践自我改革，社会、环境将随之改变”。用现代的话来说，我们称之为“人间革命（意即人性革命）”。我为把户田先生的真实形象传给后代，以小说的形式描述战后创价学会的重建历史，该小说题为《人间革命》，因为我一向认为一个人的变革是非常重要的。我把这种想法寄托在小说的主题中。“一个人伟大的人间革命，不久，也能转换一国的宿命，进而能转换全人类的宿命。”——我这观点也是来源于东方哲学的宏大理念。

高：在我看来，池田先生倡导的“人间革命”，就是当代东方哲学的重要组成部分。先生在倡导人间革命时，多次提到人自身应具有“自我改革的力量”，要有“慈悲”之心，要“突破自私自利”，往至善的方向生存、发展。我相信，“人间革命”学说，必将成为世界人民信奉的人生哲学，必将使更多的心灵绽放出绚烂的光彩！

池田：谢谢。您这番话，是对在世界一百九十二个国家和地区的我们国际创价学会会员的最大鼓励，他们作为当地好市民日夜为“人间革命”活动而奋斗。就东方的共生智慧，我于 1992 年在中国社会科学院作过题为《21 世纪与东亚文明》的演讲，其中我指出：“东亚地区的文化，特别是构成其潮流的风土人情、精神思考，具有什么特征呢？当然这并不是可以笼统地一概而论的，但假如予以简单的描绘，那么大概可以说这地区贯通着一种‘共生的 ethos’（共生的道德气质）。在比较温和的气候、风土里孕育出的一种心理倾向，就是取调和而舍对立、取结合而舍分裂、取大我而舍小我。人与人之间、人与自然之间，共同生存，相互支持，一起繁荣。”在东方共生的道德气质中存在着一种人生观，即在与他人的亲密交往中能发现真正的自我，这有别于重视个人主义的西方文明。因此，我认为，在今后世界复兴道德、再生教育之际，不可或缺的是东方智慧。

高：我们平时所讲的道德，主要是指个人品德、家庭美德、职业道德、社会公德。而池田先生所倡导的“共生的道德气质”，则扩大了我对人类道德思考的范围。池田先生在中国社会科学院的演讲中说道：“所谓共生的道德气质，并不限定或固定于君臣、父子、夫妻、公司、家庭等关系中，而是一种比自发本能更纯粹的、能活跃地扩展和脉动的普遍心情。‘ethos’所指的道德风气、民族气质，当然不同于老庄的‘无’或‘混沌’，但它也绝对不束缚人和社会，能随着时代的变化，灵活、生动地因应，是一种本来属于开放性质的心情、力量。”池田先生的这种观点即刚才谈到的，取调和而舍对立、取结合而舍分裂、取大我而舍小我。人与人之间、人与自然之间，共同生存，相互支持，一起繁荣。我认为，所谓共生的道德气质，或者是大乘佛法在当代社会的一种体现吧！不过，“共生的道德气质”目前也许难以通过家庭教育、学校教育、社会教育而传播，而要使教育者首先受教育，要让被教育者具有“共生的道德气质”，首先教育者要具有这种品质。这需要一个漫长的社会过程。

池田：我特别明白您的意思。这种道德观在制定制度、教材等的准备过程中很难被解释清楚，关键还是作为最大教育资源的教育者自身所体现出来的深厚的道德修养。顾明远会长也说：“在学校，教师最重要，没有能取而代之的资源。教师对学生的爱，超越亲子血缘，是对民族的爱、对人类未来的爱的表现。相反，学生对教师的爱，就是要常在心里铭记教师的厚恩。学生必须尊敬教师，如尊敬自己的双亲。”在这和睦的师生关系中，崇高的人格也将被继承发扬下去。因此，教育者自身的努力不必说，家庭教育也越来越重要，也需要社区、社会整体来关心教育界。

高：我们应该把那些“放之四海而皆准”的人间美德，传授给青少年。青少年的品格，决定着一个国家的民风、国风，关系着人类“共生的道德气质”。人格，就是为人的品格，做人的资格！一个没有人格的人，根本就没有资格生活在这个世界上。在21世纪，每个人都必须带好两本护照：一本是文化护照，另一本，就是人格护照。

池田：文化护照、人格护照，多么振奋人心的表达！听您这么说，让我想起美国诗人惠特曼的呼声：必须改革，必须由你来改革，越是必须改革，就越是要求在改革成就上的“人格”。我们必须把这文化与人格的光彩传播给肩负人道主义世纪的孩子们，教育者、哲学家、宗教家都应该为之努力合作。

高：不同的国家，不同的民族，会有不同的价值取向。美国心理学家波尔曼·安德森曾列出五百五十五个描写人类品质的词汇：如真诚、可信、热情、固执、腼腆、孤独、贪婪、冷酷、假装等，让大学生们挑选。结果八个得分最高的词汇，有六个与“真诚”有关，它们是真诚、诚实、忠诚、真实、可信、可靠。看来，诚实守信应为东西方共同的道德准则。

池田：对，我赞成。《论语》有云：“子以四教，文、行、忠、信。”周恩来总理曾说：“世界上最聪明的人是最老实的人，因为只有老实人才能经得起事实和历史的考验。”美国钢铁大王卡耐基在自传中追述：“规模庞大的事业是建立在严格的诚实上的，除此之外，没有任何要求。”我常通过引用这些古今东西先人的箴言，反复对青年们强调可信、可靠、诚实是人生的根本财产。“诚实”和“可信”也是恩师户田先生最反复强调的。户田先生曾说：“要建立相互信赖的友好关系不是一件容易事，但如诚实地付出别人三倍的努力，心就一定能够相通起来。这种踏实的努力，是最牢靠的胜利之道。”有时，户田先生又说：“守约是赢得他人信赖之根本。不管付出怎样的牺牲，也要绝对地守约，由此获得信赖，这是青年绝对性的社交手段。自己做不到的，就明确表明做不到；一旦答应的，就一定要做到。这是可信之根本。”户田先生通过身边琐事，通俗易懂地教给青年根本的人生观。诚实与可信——是最关键的联结人心的要素。

高：池田先生在《21 世纪与东亚文明》演讲中说：“中国是‘共生的道德气质’的源头。”先生这一评述，使我回思了中国的传统美德。我认为“仁、义、礼、智、信”是中华民族最经典、最精辟、最具普世价值、最值得我们去继承与发扬的“五字真言”。当然，提倡传统美德，并不意味着循规蹈矩、束缚个性。只不过，我们应该以传统美德为养料，去滋养青少年的心灵，完善青少年的人格，从而促使他们成长为社会的栋梁之材。总之，在当今社会需要有一批大政治家、大哲学家、大思想家、大教育家、大文学家倡导和播撒“共生的道德气质”的种子，才能更好更快地实现池田先生倡导的“共生的道德气质”的宏愿！

第九回

朝向新的百年 着手“人”的复兴

池田：新的一年——2011年适逢辛亥革命一百周年。辛亥革命的先驱孙中山先生非常重视文化力，认为新时代不需要武力等的“霸道”，必须前进在人道主义的“王道”上。“亚洲文化是一种王道的文化”是孙中山先生的至理名言。就中华民族的自豪感，他说：“自有历史四千多年以来，只见文明进步，不见民族衰微，代代相传，到了今天，还是世界最优秀的民族。”孙中山先生的这席话是在百年前中国正遭受外国势力压迫时说出来的，因此，更让我们觉得其意义重大。孙中山先生的伟大信念被代代传承，如今，伟大中国的文化鲜花烂漫怒放。

高：东亚文化尤其是中华文化，已经有了几千年的历史积淀。中华民族之所以能历经沧桑而屹立不倒，有一个很重要的因素就是无论怎样改朝换代，中华文化始终支撑着民族精神的大厦。在今后的日子里，我还会继续为中华文化倾尽全力。

池田：汤因比博士早在半个世纪前就展望着中国蓬勃发展的

一天，他列举的理由是中国人的勤勉、智慧和团结。我想起了他说的："中国自古希腊、罗马时代起就拥有优秀的文化，中华文明至今不衰、生机勃勃。这是我深信中国的原因。"新年新气象，在注视悠久的中华文明未来的同时，让我们以新的心境继续我们的对谈。说起"新年"，我比任何时候都能切身感受到传统"文化"。

高：对，春节是中国人最重要的节日，对于中国人而言，真正的"年"是春节，而不是"元旦"（西历 1 月 1 日）。每当除夕之夜，任何一个中国人，无论身在何处，只要条件允许，都会不辞辛劳，赶回故园与父母、家人团聚。除夕夜是一年之终，年初一是一年之始，除夕夜回家，年初一拜年，象征着始终团聚、永远和美。除夕的晚餐，又称年夜饭、团圆饭。在物质生活较为匮乏的时代，这餐饭往往是平民之家一年中最丰盛、最"奢侈"的筵席。陈年美酒、冬笋烧肉、油焖大虾……屋中菜肴的热气，与窗外爆竹的硝烟，构成了一组温馨、朦胧的画面。

池田：自古以来，人们对新年的到来总抱有特殊的情怀，祈愿能迎来美好的一年，并以种种形式加以表现，早已作为风俗习惯代代相传。在日本，随着时代的变迁，虽然在门前装饰门松的家庭越来越少，但供祖宗的圆形年糕、在大年夜吃除夕荞麦面、全家人一起享用年菜"御节料理"（Osechi Ryori）等习惯，现在仍然根深蒂固地保存着。

高：这种情况都一样啊。所有菜肴之中，最特殊的一道菜当属红烧鲢鱼。鲢鱼、鲢鱼，谐音年年有余。在除夕夜这道菜只能看，不能吃。必须等到新年之后，才允许下箸。据说，有些地区要到正月十五的夜晚，才可以吃掉"年年有余"。一条鱼搁置半个月，滋味恐怕是不会太鲜美了。不过，为了讨一个好兆头，即便完全放弃一道美食，那又算得了什么呢？春节期间，除了美酒佳肴之外，主食自然也是少不得的。在华北地区，最受青睐的主食是饺子。过去有些穷苦人家，喝不起好酒，吃不起好菜，但只要想办法买点面粉、切点猪肉，包上一顿饺子，那便算是过了一个“快活年”了。

池田：过年，总有许多温馨留恋的回忆。我的少儿时代正值战争时期，很艰难。如此的艰辛岁月中，在病床上躺了两年的父亲终于康复，过新年时，全家人好不容易健健康康地团聚在一起，家里顿时变得特别明亮，我至今都记得一清二楚。过新年期间，哪里都能看到孩子们放风筝、拍羽毛毽的身影。时代虽在不停地变化，但活泼嬉戏的孩子们的身影，该是新年最好的风景。

高：对，我有同感。除夕的整个筵席上，最快活、最兴奋的当然是那些天真无邪的小孩子了。他们你呼我叫、蹦蹦跳跳，甚至在酒桌下钻来钻去。过年了，再严厉的父母，也会纵容、娇惯一下孩子的！睡觉之前，父母会拿出早已准备好的“压岁钱”，放在孩子的枕头底下，企盼能够镇住“邪祟”，佑护孩子无病无灾、平安成长。中国人之所以如此重视春节，在我看来，主要出于两大文化因素：以家为本、以农为本。因为以家为本，所以必须团圆。因为以农为本，所以必须在春节团圆，春节之后，便开始耕作农田。

池田：原来如此。我曾和巴西著名的天文学家莫朗博士对谈过，先人们是遵循太阳、月亮、星星的运行规律进行农耕生活的。他们与自然共生的智慧真让我们现代人吃惊。莫朗博士也指出，先人们文化的发达与天文学之间似乎有着密切的关联。另外，新年、盂兰节是一年中最大的活动，届时，那些远离故乡在城里生活的人们都会回老家，各交通机构都人潮如流。在中国，除了春节，据说清明节（农历四月上旬）也有很多人回乡扫墓吧？

高：对。清明扫墓、回老家探望父母、陪同父母旅行等是孝道。重视“孝道”是中华文化特色的表现。当代中国，有的青年男女只知圣诞节狂欢、情人节幽会，却不知春节回家，那就不免有忘本之嫌了。总之，中华文化是一种颇为独特的文化，中国人的宗教信仰似乎亦有些与众不同。佛教、儒教、道教被称为中国三大宗教，这三大宗教都带有两个明显的中国烙印：一为多元化；二为推崇孝道。

池田：推崇孝道的伦理是不分古今东西的，是全人类非常重视的根本之道。其中，在确立贯穿中国精神文化“推崇孝道”这一深邃的人道上面，儒教起到了尤为重要的作用。日语中，“孝”字的发音与高先生的姓“高”同音。日莲佛法的重要章节《开目抄》中写道：“孝者高也，天虽高，不如孝高。又孝者厚也，地虽厚，不如孝厚。圣贤二类出于孝子之家，更何况学佛法之人，岂可不知恩报恩。”“孝”字，本来就意味着对祖先的崇敬之意。儒教的独特之处在于不仅把这原来的心情思想化，而且还把它提升为“适应现实社会的理论”。我的恩师常说：“热爱众生是种奋战。然而，有很多青年连自己的双亲都不爱，又怎能去爱他人呢。因此，战胜这种没有慈悲心的自己、领悟佛的慈悲境地是人性革命的奋战。”我本人一有机会就和青年们讲要好好孝敬父母，这是人本教育的起点。诚如我们至今论及过的，中国文化多元化的历史背景在于多民族的相互融合，也有相互接受各族的守护神而一并崇拜的场合。

高：从这意义上来说，道教是一个多元化的宗教。很多中国神话爱好者却搞不清道教的最高神究竟是谁。当今某些电视节目的编剧，想当然地把“玉皇大帝”视作“道教至尊”、“中国上帝”，然而，根据道教经典记载，“玉皇大帝”只是“四御”之一，在他之上，还有“三清”。可“三清”之首“元始天尊”也未必是道教的最高神，因为在神话小说《封神演义》中，元始天尊还有着一位师父——鸿钧老祖。

池田： 道教的形成，不仅汲取了民间的土著信仰和生活信条，而且还采纳了儒教、佛教等的思想。日本也有祭祀《三国志》中关羽的“关帝庙”，“关帝庙”也属于道教吧。

高： 是的。由于中国宗教的多元化，故任何一位神灵都缺乏权威性，一不小心就可能沦为中国人调侃的对象。这种情况虽丰富了中国人的文化、娱乐生活，但从另一个角度看，也使得中国人逐渐丧失了敬畏心，对于中华民族的精神力不无害处。当代中国是一个信仰自由的国家，各种宗教共存，不同宗教信仰者的葬礼，会采取不同的仪式。与西方民族类似，中华民族也有着盘古开天辟地、女娲抟土做人等创世传说，可是在中国的宗教谱系中，盘古、女娲却未曾像耶和华、安拉那样，拥有至高无上的显赫地位。当代某些学者喜欢以“西方公式”来分析中华文化，从而得出了“中国宗教不成熟”、“中国人缺乏一致的宗教信仰”等结论，这显然是一种偏见。

池田： 我明白您的意思。只要有人的存在，就一定会萌生“宗教性的事物”、“信仰心”，因为它们支撑着生活、是幸福观的依据。但这里重要的是，宗教必须是为人而有的宗教，千万不可是为了宗教的宗教。在东西冷战时期，我先后访问贵国和当时的苏联，那时，有人讽刺地问我：“你是宗教信仰者，为什么去中国、苏联?”我回答说：“因为那里有人在。”社会体制虽不同，但追求幸福、祈愿和平是没有国界之分的。我的信念是“大家都是人，一定能够相互理解”。时过三十多年的今天，能和高先生展开这场理解、共感颇深的对谈，而且还有一批又一批的青年紧跟而上，我认为这本身就是我信念的延续和佐证。

高：我深有同感。我认为，中国的佛教徒、儒教徒、道教徒，所崇尚的都是一种智慧、一种文化、一种精神、一种道德，而不是某个高高在上的神灵。首先，就说佛教，尽管释迦牟尼是现世佛教的创始人，可他并没有将自己神化成众生的主宰。对于佛教徒而言，佛只是领悟真理的导师，而不是万能的“主”或者“神”。与释迦牟尼一般，儒教的“大成至圣先师”孔子，也是一位导师，只不过，孔子比释迦牟尼更关注世俗生活、更重视亲缘关系。

池田：很重要的观点。释尊本是王族“释迦族”的王子，他为寻求解脱生老病死等痛苦之道而放弃王子地位出家，践行苦修苦行，终于悟出冲破苦恼之源、贯穿宇宙生命的法则。随后，他深入民众解说他悟出的法。觉醒这“永远的法”的人被称为“佛”。日莲佛法示这“法”为《南无妙法莲华经》。另一方面，儒教的提倡人孔子，在中国社会、政治激烈动荡、混乱不堪的春秋战国时期，立志恢复传统秩序。孔子认为善政、良好的人际关系的基础是“德”，他在祖国鲁国和其他各国向君主们宣讲以德为政的主张。孔子探究的是生活在现实社会中的人们应有的姿态。孔子指出：“君子有三畏：畏天命，畏大人，畏圣人之言。”他对“天命”极其敬畏虔诚，我们可以从中感受到宗教般的信念。让我们回到佛教、儒教的起点重新看看，诚如高先生所讲的，释尊、孔子都尊法重德，注重启发人的内心。爱达荷大学的盖耶教授曾就释尊发表自己的想法，他认为：“释尊没有神化自己，也没有要求他人的绝对服从。临终前释尊说：‘我一生说法，望今后你们遵法努力完善自己的人格，你们有责任散发真人的光彩。’”如果忘记或迷失创始人的想法、真实形象，宗教就会僵硬化，踏出了走向“为了宗教的宗教”的第一步。

高：当然，由宗教激发出的精神力，也有可能受到邪恶组织的利用，变成伤害他人的“反价值的精神力”；由宗教树立起的道德力，也有可能受到没落集团的曲解，变成脱离时代的“反价值的道德力”。《贞观政要》中指出：“以古为镜，可以知兴替。”以今为镜，亦可知古事。当代中国信仰自由，改革开放以来，所谓佛教徒的数量，正以几何级数增加。某些古刹名寺，常年人山人海，香火鼎盛。有人的地方就有商机，于是乎，进一次庙数十元、烧一支香数百元、施一次钱数千元……在中国已成常事。信徒们竞相奉献，而有人则坐享其成。与此同时，某些教徒为了赚取更多利益，不惜大做“虚假广告”，鼓吹“现世获报”、“即身成佛”等急功近利的思想。这种变态的“兴旺”，不但于佛法无益，还破坏了社会风气。怎样使宗教扬长避短，发挥出正面的力量，这是重要的课题。

池田：针对当今社会的种种现象，高先生一贯强调必须提高“文化力”和“精神文化”，我很理解高先生的心意。您刚才引用了“以古为镜”，的确，在中国的精神文化方面，现在有很多人在研究从印度传来的佛教于历史上是经过怎样的变迁而被中国接受的。

高：佛教自东汉初年传入中国，在很长的一段时期内，中国人并未真正理解佛法。东汉最著名的“佛教徒”当属刘英（楚王）、笮融，可是这两个人，一个意图谋反，一个滥杀无辜，可谓戒定慧俱无、贪嗔痴皆犯。

池田：当时是所谓的“格义佛教”时代。对属于不同思想体系的佛教，人们用儒教思想以及在东汉影响较为广泛的黄老思想（道教的前身）等中国固有的概念来作比喻解释，促进理解。那时尚未能推广佛教本来的哲理。这样的时代自公元前后的汉代起一直持续了四百年。公元399年，从长安开始天竺（印度）之旅的法显在《佛国记》中写道“寻求戒律”是游历天竺的目的。从中，我们可以明白，当时中国佛教界正在寻求正确的戒律。公元400年，著名的翻译家僧侣鸠摩罗什来到长安，真正地开始引进佛教思想。大乘佛教“空”的思想、中道论、业论等开始被正确地理解，中国佛教逐渐昌盛起来。

高：是的，此后，佛教徒受到了最大的考验。一般佛教徒认为“三武一宗”是中国历史上四次最严重的“法难”。所谓“三武”是指北魏太武帝、北周武帝、唐武宗这三位谥号或庙号均带有“武”字的皇帝，而“一宗”则是指后周世宗。这四位皇帝以北魏太武帝最为残暴，他不仅下令焚毁佛像、佛经，而且杀害了大量沙门。他的行为不仅触犯了佛法精神，也违背了儒家、道家的仁义、慈爱精神。对于北魏太武帝，无论佛教徒还是非佛教徒，都应该予以严厉的谴责。“武”字在中国古代是一个褒义大于贬义的谥号（或庙号）。谥法有云：“刚强直理曰武、威强睿德曰武、克定祸乱曰武、刑民克服曰武、夸志多穷曰武。”撇开北魏太武帝不提，其实北周武帝、唐武宗都是中国古代较为英明神武、果敢有为的皇帝。而后周世宗更是一位难得一见的明君，可是，他们为什么会排斥佛教呢？中国历史上最为尊崇佛教的皇帝当属梁武帝、武则天。梁武帝奉佛茹素，大兴寺庙，舍身为奴；武则天礼敬三宝，组织译经，广积“功德”。然而，菩萨心肠、乐善好施的梁武帝，只知善待那些贪污谋反的贵族、亲近巧舌如簧的“僧侣”，却忽略了平民百姓的死活。而武则天更是与僧人薛怀义纵欲投欢，并对《大云经》等伪经赞赏不已。由此可见，这两位皇帝看似尊崇佛教，其实并没理解和实践佛法的真谛。自古以来，总有那么一些伪沙门打着佛教的幌子牟利，因而导致教外人士对佛教产生了误解，甚至将这种“佛教徒”视为人间蠹虫。北周武帝、唐武宗、周世宗排佛的主要动机，正是为了消灭这种“蠹虫”，提升国力。

池田：僧侣的堕落，的确是佛教被镇压的原因之一。宗教家的腐败会给时代、社会蒙上阴影，这是重大问题。我们也与堕落腐败的和尚对抗过，很能理解。另一方面，中国佛教发展史上的主人公是无数怀抱真挚的求道心和使命感的佛教徒。值得一提的是活跃在6世纪南北朝时代，刚才提到的梁武帝时期的傅大士居士。日莲大圣人曾指出：“入像法之一千年，文殊、观音、药王、弥勒等，诞生为南岳、天台，或示现为傅大士、行基、传教等，利益众生。”日莲大圣人把傅大士排列在佛教史上的功臣行列。傅大士曾留下这样一句话：“朝朝佛共起，夕夕佛共卧。时时成道，时时显本。”傅大士白天耕耘流汗、夜间勤于说法和修行。大饥荒时，他拿出私财救济他人，开垦土地，种麻、种豆、种薯等谋生。一介居士全心全意体现佛法精神的行动，赢得众人敬慕，就连僧侣也来向他求教。还有，唐朝的玄奘，用了十七年时间跋涉25 000公里路程，在这罕见的经历背后，一定有众多无名求法者的帮助支持吧。就佛典的翻译来说，自东汉桓帝时代开始的汉语翻译，据说一直持续到北宋时代，约有千年，期间所付出的辛劳和努力该是笔墨难尽。如果没有中华民族重文字的传统和深邃的精神文化，那么，就绝不可能留下辉耀于人类史上的被誉为八万法藏的汉文文化遗产。虽然每当改朝换代，这些寻求佛法、不惜生命付诸行动的人们或遭镇压、或被弘扬；然而，他们都超越毁誉褒贬，贯彻使命到底。

高： 在我看来，中国古代皇朝无论排佛抑或崇佛，多半都只是出于对佛法的误解。故此，“三武一宗”也不足以损佛。

池田： 我们非常尊敬的中国佛教协会前会长赵朴初先生指出：“回顾历史，佛教最盛的时代，并不是僧侣最多的时候。而僧侣过多的时代，反倒是佛教衰退的时候。”我认为这观点很重要。凭什么来衡量佛教的“昌盛”呢？那要看生命尊严哲理是不是深入影响到每一个人的生活，要看有多少百姓获得幸福生活，社会整体发展水平又提高了多少。翻阅中国佛教的思想发展史，我们可以明白，从南北朝时代到隋唐，既发生了“三武一宗法难”，又有梁武帝、武则天等出动保护佛教。同时，印度佛教的许多经典被翻译成汉语，出现了比较经典、判断价值的现象，即“教相判释（教释）”。而且，还形成天台宗、华严宗、三论宗、净土宗、禅宗等印度没有的中国佛教宗派，有很多佛经由朝鲜半岛传入日本。天台大师智顗建立了堪称中国佛教之最的哲学大系，他在荟萃统一佛教思想时，在许多佛典中指出《法华经》为所有经典之最，并树立了以《法华经》为根本的“一念三千”法理。这一法理与隋唐的社会繁荣发展相互连动，后由妙乐大师湛然、日本的传教大师最澄继承，又通过日莲大圣人的深化，最后被确立为民众佛法。在佛教思想盛行的隋唐时代，佛教在政治、科学、文学、艺术等各方面都起到了启发作用。后到宋代，儒教在吸收佛教、道教思想的基础上加以改革，树立“宋明理学”。这时候的文化领域被誉为中国的黄金时代，卓越的美术、工艺、文学应运而生。与我对谈过的哈佛大学教授杜维明博士把这一时期称为继孔子等时代之后的“儒教发展第二期”。在历史的变迁中，虽曾遭受不同王朝的迫害或保护，但佛教、儒教超越现实中的迫害或保护，不断发展壮大，逐渐对当时的思想、文化产生重大影响。就此，赵朴初先生认为，佛教创立了“助人为乐的精神文化”。

高：我懂，在当今中国也一样，佛教徒乃至非佛教徒，都对观世音、地藏王等舍己为人、普度众生的菩萨充满了敬仰之情。中国佛教徒信仰大乘佛法，那种见利忘义、临难逃脱之人，在中国往往会受到鄙视、唾弃。“助人为乐”是佛教思想。我认为，我们要批评将极端个人主义思想奉为圭臬的人，要努力把“舍己为人、普度众生”的佛家思想推向全世界。我认为，宗教对人类生活的主要作用并非研究客观世界，而是修炼主观世界。无论佛教、基督教、伊斯兰教抑或其他宗教，多半都订有“不可说谎”、“不可不孝”、“不可贪财”等戒律，这些戒律其实是全人类的精神守则、道德规范。古典小说《红楼梦》中的王熙凤有一句名言：“从来不信什么阴司地狱报应的，凭是什么事，我说要行就行！”正因如此，所以她可以毫无顾忌地贪污受贿、包揽词讼、残害无辜。在古代像王熙凤这样的人毕竟还是少数，而当代中国的“王熙凤”却是数不胜数。于是，寡信轻诺、忤逆父母、惟利是图、漠视生命……成为了严重的社会问题。因而我认为，宗教在当今世界的首要使命是提倡积极进取的思想，促进精神力、道德力的提升与发展，以促进社会和谐和维护世界和平。

池田：信仰宗教，到底使人强还是使人弱、使人善还是使人恶、使人贤还是使人愚，对此，我一直主张须有鲜明的判断基准，这也是我在哈佛大学进行的第二次演讲中提及的重要内容。我们需要的是“为人而有的宗教”。在该演讲中，我介绍了“生也欢喜，死也欢喜”的佛法生命观。“死”与“生”一样，共为生命不可或缺的要素，这是日莲佛法所教示的究极的幸福境界。生老病死是任何人都避免不了的课题。佛法教示，当你遵循正确的法则、度过为人为社会奉献的有价值的人生时，我们生命中的宝塔也会因经历生老病死而变得庄严。与此相关，杜维明博士于2007年4月在美国“波士顿21世纪中心”主办的研讨会上指出：“孔子说‘未知生，焉知死’，我理解为，只有正确地理解生的意义，才能正确地理解死。人必须认真思考活着的意义，从这意义上来看，人最糟糕的状态不得不说是‘精神的死亡’。”那么，怎样才能让人在死后仍然放射不灭的光芒呢？杜维明博士列举了“那人的话语成为启发后人的源泉”、“那人的善行导致世界改革”等等。活得美好充实的生命定将被不朽的荣光所环抱。佛法有云：“生死生死，转行于自身法性之大地也。”佛法从本源层次阐明了生命的永恒性。

高： 死亡是每个人的必然归宿，而宗教则可以减轻人类对死亡的恐惧感。关于生与死的思考，我曾经写过一首五言排律来抒发内心感受，谨录于此，以求先生指正：

来也偶然来，归犹未忍归。
此生疑是梦，昨夜去如飞。
名利三春竞，尘嚣十面围。
可知身后事，尽了世间非。
孔子千秋德，秦王一世威。
人心虽不足，天道岂能违。
躯体风烟散，精神日月辉。
浮云何处逝？窗外雨霏霏。

“躯体风烟散，精神日月辉”，这就是我对生命的理解。我绝不相信“人死如灯灭”之类的说法。诚如杜维明博士的观点，在我看来，躯体虽然迟早都会死亡、腐朽，但精神力却可以流传万古，永不陨灭。我不是宗教信仰者，因此并不认为自己死后，灵魂可以升上天堂或往生极乐，但我希望能够通过著书立说的方式，使自己的精神力长留人间，从而努力地守护、乃至照耀我们的子孙后代。

池田： 多么崇高的思想！让我想起汤因比博士说的：“如果你真的非常关心后世将会发生的一切，那你活着的时候就定能永葆青春。”对当代社会避免谈“死”这人生根本问题的趋向，汤因比博士也表示担忧。前面也讲过，佛法的起点是以克服生老病死这“四苦”为目的的。树立明确的生死观是宗教应该向当今社会发出的信息。出于这一信念和对朋友的真心鼓励，在此附上我于2007年写的长篇诗中的一部分，以此结束这一回的对谈：

人生中最严峻的法则
是生老病死。
谁也摆脱不了。
谁也躲避不了。
它是绝对的实相。

既然出生了
就要好好地活下去。
活着
就一定会变老。
在逐渐变老的人生中
难免与病魔的搏斗。
而更加严峻的是
死这现实。

生老病死
是生命的法则。
如果不从根本上加以解决
就不可能有
人类的真正幸福
与永恒的和平。

要奋力度过
美好的人生。
幸福　欢喜
和平　慈悲
都在其中俨然放光芒。

第十回

“创造性”是科学与文明之源

——科学与宗教

池田：今年（2011 年）是联合国“世界化学年”。百年前，居里夫人通过刻苦奋斗，成功地分离出金属镭，为表彰她的功绩，今年被定为“世界化学年”。居里夫人意志坚定地为人类社会发展作贡献，为科学研究奉献一生。我创办的东京富士美术馆于去年秋天，在居里夫人的祖国波兰的华沙王宫、波兰国立美术馆等各方面的协助下，在日本各地举办了“波兰至宝展”。该展中，有好多件与居里夫人相关的物品，如矿物、实验器具、照片等。在日本举办的各类波兰美术展中，本次展览的观众人数为至今最多的一次。

高：“世界化学年”具有深远的意义啊。当今中国在化学研究方面的发展引人瞩目，已经成为全球第一的化学专利发布者。对“波兰至宝展”的盛况，我表示祝贺。

池田：谢谢。说起化学，我想起了被誉为“现代化学之父”的美国鲍林博士。我们四度会见，每次都谱写着难忘的黄金般的经历。鲍林博士是很有信念的科学家，是和平的斗士。就我们以佛法为基调的民众和平运动，他对我说：“我希望你们的努力有成果，如有我能做的，我会乐意合作。”我们超越各自的立场，在许多方面意见一致，还出版了对谈集《探求生命的世纪》。鲍林博士是人道主义者，一直呼吁废除核武器，他是无神论者，但他的基本伦理观点是“尽量减少人的苦恼”，他强调指出：“这原理归根结底是指在待人接物上面，我们对他人的言行举止，应该与我们自己希望他人对待我们自己的一样。当然，这几乎是一切宗教的基本伦理原理。”不愧是科学家，表达得简明扼要又抓住本质。这令我想起《论语》中的一节，子贡问曰：“有一言而可以终身行之者乎？”子曰：“其恕乎！”

高：我认为，“爱人、爱生命”不仅是儒教、佛教、基督教、伊斯兰教的核心理念，也是任何一个非宗教人士为人处世的基本原则。科学家和宗教家本可分享各自的理想和目的。池田先生是一位宗教界领袖，而我则是一名唯物主义者，尽管我们秉承着不同的世界观、方法论，但彼此之间却可以进行和谐而愉快的交流、探讨。回顾历史，近世以后，科学与宗教（尤其在西方世界）处于极端对立的两大阵营，但是我相信随着时代的发展，两者也许会殊途同归，最低限度，今后也不应再发生激烈的冲突。

池田：我有同感，不，应该必须是这样，因为科学和宗教都是为了造福人类。特别是在当代轻视生命风潮蔓延、社会道德水平低下的情况下，科学和宗教必须携起手来，共同捍卫人最根本的“生命尊严”。针对“宗教的作用”，我曾与国际宗教社会学会首任会长威尔逊博士就“宗教的有效性”展开对谈，就其有效性的具体内容，博士简明地提出以下三点：一、能对人们的生活产生多大影响？二、有没有实现一定程度明确目标的能力？三、这些目标，可不可以作为其他领域的规范基准？不管是在东方还是西方，宗教对人们的世界观、文化的形成都产生了深刻影响。宗教也产生过不顺应人类道德伦理的影响。我在与威尔逊博士的对谈中列举出一些事例，如在战乱、天地变异持续不断的12世纪的日本，有很多受阿弥陀信仰影响的人自杀，4世纪北非受殉教思想煽动的原始基督教徒接二连三地寻死等，这些都是宗教本来的信条中没有预测和想到的结果。之前我们谈过外来佛教对中国产生的影响，那么纵观历史，基督教、伊斯兰教等宗教或西方思想，又对中国的社会和文化产生了什么样的影响呢？

高：个人以为，基督教对当代中国人最重要的影响是纪年与节日。1949年9月27日，中国人民政治协商会议第一届全体会议一致通过：中华人民共和国采用公元纪年。所谓“公元纪年”，其实本是基督教的纪年方式——即以耶稣生年为公元元年。另外，尽管绝大多数的中国人并非基督教徒，可是大家却习以为常地将耶稣生日（12月25日）称为“圣诞节”。近些年来，“圣诞节”已成为了中国青年最重视的一个节日。这是因为信仰多元化的中华儿女，即使不接受基督教教义，也能够容纳基督教文化，并使之成为自己生活的一部分。而伊斯兰教在中国自古就有固定的信众。目前中国有两千万左右的少数民族成员是虔诚的穆斯林。在北京、上海等中国城市的大街小巷，随处都能看见专为伊斯兰教徒开设的清真餐馆，这些餐馆也不乏汉人食客。

池田：诚如外来宗教佛教在中国能与本有的儒教和谐共存一样，东方人生活中融贯着多种思想性和哲学。历史上，不同文化共存的例子在其他区域也存在。哈佛大学文化人类学家耶曼博士也在与我的对谈中谈到，在伊斯兰教国家奥斯曼土耳其帝国，信仰不同宗教的人们共同拥有光荣的历史。更何况，“共生”、“共存”、“和谐”是当代社会的关键词。十年前在美国发生“9·11”恐怖事件四天后的2001年9月15日，我们SGI的代表也出席了在奥地利维也纳召开的，由欧洲科学艺术院主办的基督教、佛教、犹太教、伊斯兰教“四大宗教间对话”代表大会。该院会长乌干博士突然提出建议，更改大会已经准备好的主题，重点讨论在恐怖事件背景下的人的破坏性、攻击性，以此展开宗教间的对话。最后，大会一致认为“对话才是阻止战争的道路，对话才是超越文明和宗教的普遍价值”。这结论是希望，是愿望，是意志的表现。乌干博士也是享誉世界的心脏外科医生，在我们的对谈中，博士说：“我认为，对话能产生宽容之德，当我们遵守道德行动时，就能构筑和平的基础。尤其是通过宗教间的对话，在不同思想间架设桥梁，奠定创造崭新的全球规模的和平文化基础。”真正的宽容是相互加强人的善性，它不同于对恶袖手旁观或因利益而同谋合污。因此，如能本着宽容精神加强、深化人与人的连带关系，就一定能够找出人类和平与幸福的光辉大道。秉持这份信念和确信，我至今坚持与科学家、基督教神学家、伊斯兰教领袖等开展对谈。乌干博士说：“通过与池田先生的对话，我确信，只有佛教才能肩负起基督教、犹太教、伊斯兰教的‘桥梁’作用。”

高： 儒教、佛教等东方宗教，与基督教、伊斯兰教等西方宗教有一个特征明显的差异。儒教发源于中国，佛教发源于印度，这两个宗教本该彼此排斥，互不相容，可中国人却提倡“三教同归”（另一教为道教），将两者调和成了一体。无论任何民族、任何信仰的人，在中国似乎总是能亲如一家，和谐相处，也许这就是东方文化、尤其是中华文化的魅力所在吧！

池田： 重视“和谐”的文化，将发挥越来越重要的作用。我希望学习中华文化的融合力。中国自丝绸之路时代起就与西方文化、宗教相交流，已有悠久的交流史，这让我从中感受到中华文化的宏大和深奥。

高： 诚如池田先生所言，从历史上来看，唐太宗在位的贞观年间，基督教聂斯托利派（景教）便已传入中国，可是由于中西文化的差异，在很长一段时期内，中国人并不认可基督教。我国正式与西方社会的接触可以说开始于明代后期的1582年，即意大利天主教传教士、耶稣会的马泰奥·里奇到达澳门。此时中国社会已出现资本主义萌芽，某些知识分子的思想显得比较开放甚至激进，他们虽然不太想做天主教“上帝忠实的仆人”，但对于马泰奥·里奇带来的先进科技，却产生了浓厚兴趣。

池田：基督教传入日本的时间要早于中国，是由耶稣会创始人之一、传教士圣弗朗西斯科·哈维尔（圣方济各）传入的。他决心去中国大陆，但于1552年在将进入中国之前病死于澳门西边的上川岛。为了继承先人的遗愿，三十岁的青年马泰奥·里奇一定感到必须完成在中国传教的使命吧。他到中国后，立即开始学习中文，并起了一个中文名字叫“利玛窦”。刻苦学习语言和文化、抓住人心是他成功的要因之一吧。利玛窦不仅宣讲基督教，而且还给贵国带来西方科学技术的精华。这是贵国与17世纪欧洲先进技术最早的正式接触吧。他绘制了包含中国在内的第一幅世界地图《坤舆万国全图》。瞿太素、李之藻、徐光启等知识界人士和一些官员改宗，在他们的帮助下，他撰写和翻译了许多技术等方面的书。

高：若用当代的说法来表达，可说基督教与西方科学知识，以一种“买一送一”的形式，在中国传播了起来。利马窦等传教士在吸纳基督教教徒的同时，也为中国培养了徐光启、李之藻等一批科学家、翻译家，对我国的发展有着重要的意义。值得一提的是，利马窦与徐光启联合翻译的公元前3世纪古希腊欧几里得巨著《几何原理》前六卷，首次采用了平面、曲线、曲面、直角、钝角、锐角、垂线、平行线、对角线、三角形、四边形、多边形、圆心等中文词汇。直至今日，这些词汇依然是中国人学习几何学时必用的专业术语。然而，大明帝国覆亡后，愚昧、顽固的清朝统治者把基督教、西方文明拒之门外。直到1840年与英国之间的鸦片战争爆发，清政府投降后，基督教、西方文明才再一次大规模地涌入了中国。不过，这一次伴随“《圣经》”而来的不是情深义重的先进科技、文化，而是贪婪无耻的掠夺、杀戮。当然，我们不能把帝国主义的罪恶与基督信仰联系在一起，那些“披着宗教外衣的强盗”，才是中华民族难以宽恕的敌人。

池田：贵国人民所饱尝的痛苦历史，我们应该牢记于心。利玛窦为中华文明的伟大而惊叹，下定决心要把那时代的中国文化介绍给西方，他把中国古典的精华“四书”(《大学》、《中庸》、《论语》、《孟子》)翻译为拉丁语，送回意大利。利玛窦崇敬和学习不同的高度文明，我认为相互尊敬、相互学习是交流中不该忘记的根本精神。

高：对，利玛窦不仅理解中国文化，而且还向西欧介绍，值得我们关注。他以布教为目的，但他超越信仰，与很多中国人结交朋友。思想家李卓吾也是其中一人，在我故乡通州有他的坟墓。

池田：李卓吾晚年虽苦于不遇和被镇压，但他是位贯穿信念的哲人，他曾写道：“况真正圣贤，不免被人细摘；或以浮名传颂，而其实索然。自古至今多少冤屈，谁与辨雪。”与我对谈的贵国历史学家章开沅教授在引用李卓吾的这段话后指出：“李卓吾曾感叹，真相与后人给出的判定往往背道而驰。怎样才能看清历史的真相？——李卓吾提出的这一困惑可以说是人类永恒的课题。”

高：卓吾先生可是一个不得了的人。他不仅思想超前，即我谓之“文化先导性”，而且在人格上也具有知识分子所仰慕的刚正不阿精神。他在当时就是一位引人注目的思想家。由于他性情耿直，言辞激烈，直接把批判的矛头指向了明朝理学家顶礼膜拜的“圣贤”——程颢、朱熹，因此遭到了理学家们疯狂的围剿与迫害，他们将他的居所拆毁，并且连同他准备死后葬身的宝塔也烧掉了。李卓吾的好友、通州人马经纶，闻讯冒雪赶来，把他接回通州居住。时年七十六岁的李卓吾，忍受着病痛的折磨，完成了他的最后一部著作《九正易因》。不久他又遭到奏劾，因“敢倡乱道，惑世诬民”的罪名被捕下狱。然而，李卓吾仍坚持己见，拒不认罪，最终，他在狱中夺刀自刎，以死明志。李卓吾主张个性解放，提倡人人平等，反对封建礼教，鄙视理学空谈。他的宁死不屈，体现了“不自由，毋宁死”的精神。

池田：日本幕末志士吉田松阴深受李卓吾代表作《焚书》影响，他给学生高杉晋作留下这样一句名言：“如果死而能不朽，就要随时准备死；如果生而能成大业，就要永远活下去。”这与您说的李卓吾精神“不自由，毋宁死”一脉相通。李卓吾的透彻精神也深刻影响了这对在日本历史上起到扭转乾坤作用的师生。

高：中华民族还有很多富有道德力的传记、神话、寓言。无论是神话中的女娲、愚公的“人定胜天”，还是夸父、后羿和现在我们提起的李卓吾所体现的“九死未悔”的精神，都堪称中华民族精神力的精髓。我相信，很多人特别是少年儿童在读过他们的故事后，都能获得一些激励，乃至挥发出更为振奋的精神力。

池田：我有同感，高先生的这种炽热情怀一定能够让少年儿童振奋起来。再说，利玛窦等耶稣会之所以能在中国获得成功，其原因被认为是他们掌握文艺复兴时期的科学成果。利玛窦也具备种种人文知识，刚才提到的西历（格里高利历）制定者、德国天文学家克拉维乌斯，他作为罗马学院教授教过利玛窦。那时，继哥白尼创立“地动说”后，涌现出多位卓越的科学家，他们是乔尔丹诺·布鲁诺、伽利略·伽利雷、约翰内斯·开普勒等。另一方面，看一下16世纪至17世纪西欧的“科学与宗教”，就如象征性的“伽利略案件”那样，基督教会开始镇压科学家。

高：意大利思想家、哲学家布鲁诺在《论无限、宇宙及世界》一书中，提出了“宇宙是无限的”、“地球只不过是宇宙中一粒小小的尘埃”等惊世骇俗的说法，对日后观测所明示的种种宇宙秩序作出了预见。布鲁诺于1600年被处以火刑，但他最终毅然坚持真理。

池田：在被判火刑时，有人说布鲁诺高呼：“作出这样判决的审讯官一定会比我更感到恐怖吧！”他明白，即使自己被处刑，但从永恒的层次来看，真实胜过无理的镇压。不得不说，宗教与科学对立的根本原因在于教条主义和权威主义，它们脱离了本有的宗教精神。前面列举的近代科学的先驱们，他们对宗教并没有敌意。布鲁诺是修道士，伽利略是虔诚的天主教徒，万没想到被视为异端。又如刚才提到的宗教方面的天主教会中的一派耶稣会，也为自己的会派能体现科学知识而行动。约在十六七年前，我与当时的莫斯科大学校长、世界著名物理学家罗古诺夫博士对谈，出版发行了我们的第二本对谈集《科学与宗教》。对谈中，我坦率地说出自己的想法，我认为对神秘的宇宙和生命的敬畏心，如爱因斯坦所提出的“宇宙的宗教感情”等，才是科学创造的直观知识的源泉，也是引导科学技术为人类作贡献的智慧库。罗古诺夫博士产生共鸣，说：“宗教对人的精神世界发展起着重要作用。‘创造性’是人精神的本来表现，科学由此而产生。科学与其业绩可说是宗教的一大成果。”罗古诺夫博士自苏联时代起就是一位伟大的科学家，他的话让我感到言重九鼎。我的恩师户田城圣先生说过：“科学注视外界而进入真理的世界，宗教向生命的内在探求真理而发展。如果不理解为人类幸福而探究真理的这两大潮流的根干，就不可能理解科学与宗教的问题。"宗教提高人的内在，科学丰富我们眼下的生活，两者兼备造福人类的使命。科学与宗教的关系，不是一方可以取代另一方，而是应该以各自的方法研究探索出"贯穿宇宙和生命的法则"。

高：对，如您说的，宗教与科学是人类探索宇宙真理的两大形式。古往今来，科学家们采取了循序渐进的方式来研究课题，而宗教家们则采取了一步到位的方式来阐述课题。只不过，宗教着重于信仰、感悟，而科学则着重于验证、发明。但宗教有时因感悟而能解答科学不能立即回答的问题。当科学无法解释某些问题之时，人们时常会选择宗教。世界何时诞生？生命如何出现？死后去向何处？这些疑问几乎是科学以及各大宗教共同的课题。为解决这问题，必须结集科学与宗教两方面的智慧。所以我们既不能迷信宗教，将科学成果视为异端，也不能盲从科学，将宗教观点视为妄语。

池田：这是孜孜不倦探究真理的真实感受。平衡地充分发挥宗教与科学的观点，就能培养出许多推进研究和创造价值的优秀科学家。罗古诺夫博士说过："非物质世界是超越科学领域的。""科学工作者不能丢失'求知'的谦虚精神。"美国阿波罗计划总负责人加斯特罗博士在我们对谈时感慨地说："现在，因宇宙大爆炸学说，科学开始探究'宇宙的起源'。但科学家仍然无法回答宇宙起源的原因、宇宙的'意思'。或许在佛教、其他宗教、哲学领域，或许在地球之外的知性生物中，已经拥有解答一切问题的文明吧。"我至今不忘博士的这番话。

高：我想到了佛教的创立者佛祖释迦牟尼的一段话："此千世界，犹如周罗，名小千世界。诸比丘，尔所周罗一千世界，是名第二中千世界。诸比丘，如此第二中千世界，以为一数，复满千界，是名三千大千世界。诸比丘，此三千大千世界，同时成立，同时成已而复散坏，同时坏已而复还立，同时立已而得安住。如是世界，周遍烧已，名为散坏，周遍起已，名为成立，周遍住已，名为安住。”这是《起世经》中的一段言论，不仅形象地说明了地球之小，宇宙之大，而且还揭示了宇宙诞生、星球陨灭等常人无从察知的现象。假设古代科学家能够将佛经作为参考读物，也许无须等到布鲁诺出现，人类就能在天文学领域获得跨时代的飞跃了。

池田：诚如高先生说的，探究壮大的内在生命世界的佛教世界观、宇宙观，虽然很早就出现在人类思想史上，但与现代科学的知识和见解有很多相一致。《俱舍论》指出：小世界包括九山八海、六欲天、色界的初禅，其世界的中心有须弥山。集一千个小世界为“小千世界”。如果把被称为南阎浮提的这居住人的世界，或有太阳、月亮、星星的天空等的小世界称为太阳系的话，那么，小千世界就相当于如太阳系一般具备生命的包括千颗行星的银河系吧。集一千个小千世界为“中千世界”，集一千个中千世界为“三千大千世界”。阐说如此浩瀚的宇宙观的佛法，在每一个人的内心找出与宇宙一体的生命。佛法认为，我们的生命，就是超越“个人”次元，与他人、更或是与人类、生物、地球、银河系、乃至整个宇宙相通的“小宇宙”。佛法把焦点放在这“小宇宙”上，在明晰解释的基础上，开始探究宇宙生命的根源。可以说，“对宇宙的洞察”和“对生命的洞察”是一体的。出生于斯里兰卡、侨居英国的著名天文学家钱德拉·维克拉马辛格博士在与我对谈中说：“现代科学的宇宙论方向性，十分接近佛教的宇宙观。”

高：对。19世纪以来，科学飞速发展，但宗教并没有因此而衰落，甚至在一定程度上，科学还证实了某些宗教言论。譬如佛祖释迦牟尼认为一钵水中有八万四千众生，现代人通过电子显微镜，的确可以看到清水中有着数之不尽的微生物。我们无从了解佛祖是怎样得知这一现象的，但至少也该承认，宗教与科学未必不可兼容。

池田： 户田先生曾自信地说：“科学越进步，就越能证明佛法法理的正确和伟大。”日莲大圣人引用贵国天台大师的一句话“一切世间，治生产业，皆与实相不相违背”，然后强调：“夫智者，于世间法外，不行佛法。善能于世间治世之法，有得于心者，斯云智者也。”日莲大圣人要告诉我们的是，佛法不是存在于现实生活之外的。当然，佛法也很重视科学的见解，并充分运用它，指示改良社会的道路。同样，宗教必须在现实生活中被证明是“正确的”。我们的先师牧口初任会长简明地说过，科学以实验证明为本，宗教则应在生活与社会中得到实验证明。从这意义上来说，我们应该严格评审宗教在实际生活中有没有正确地引导人们。日莲大圣人在天台大师树立的教判基础上提出：“日莲视观佛法，无逾于道理与证文。又，道理证文犹不及现证。”把宗教的高低深浅对照“现实证据”加以判断。不同的时代、不同的区域，宗教通过在精神上提高和充实人的生活，从而在社会扎下根。

高： 无可否认，释迦牟尼、耶稣、穆罕默德……每一位宗教领袖都是旷世难逢的智者，科学家绝对不能忽视他们的见解。因而我认为，即使科学领域不接受宗教思想，也应采纳宗教智慧，科学家们应该将宗教智慧视为学习对象、借鉴对象，而不是批判对象。

池田： 宗教也必须在尊重科学的同时，更加深入领会自己的使命。在与罗古诺夫博士的对谈中，就宗教应有的姿态我提出四点建议：一、宗教需具备普遍性，让科学的发展使其法理益发变得明快。二、宗教需具备灵活性，能采纳科学成果来丰富自己的世界观。三、宗教需具备直感力和独创性，来成为科学发展的源泉。四、宗教应该引导科学技术造福人类。

高：非常宝贵的意见。宗教的重大使命，应是去指明“为了人类”的方向性。中国古代有一个家喻户晓的神话——嫦娥奔月。传说嫦娥偷食了王母娘娘的灵药，飞上九霄，从此永远居住在月球上的广寒宫内。自古以来，无数中国人对此信以为真，而嫦娥也被纳入了道教的神仙谱系之中。1969 年 7 月 21 日，美国阿波罗 11 号飞船成功登陆月球，宇航员阿姆斯特朗与奥尔德林踏上了月面，他们所看见的是一个布满陨石坑与大石头的荒凉世界，根本就没有任何生命迹象存在。科学技术有时会颠覆宗教神话，但是宗教神话却不会因此而毁灭。当人类知道月球上空无一人后，嫦娥这一形象却仍然在中国人的心目中屹立不倒。中秋祭月、指月为盟、对月吟诗……这些关于嫦娥的文化活动至今不衰。近年来，中华人民共和国将绕月探测工程命名为“嫦娥工程”，目前，嫦娥一号卫星已成功撞击月球，去年（2010 年）国庆节嫦娥二号成功发射。相信在不久的将来，“嫦娥”必定能借助当代科技飞上月球，把宗教神话变为事实。

池田：是啊，很有象征意义。靠科学的力量虽实现了古人的梦想，人类能站立在月球上，但是，古人抱有的尚未开拓的宇宙梦想却更加浩瀚无垠。继嫦娥一号、嫦娥二号的成功发射，据报道中国还将于 2013 年发射嫦娥三号真正实现登月。每一项计划都是充满浪漫色彩的伟业。总之，在发展科学中，促使精神复兴的宗教心是不可或缺的。

高：基于我们的对话，我认为，科技与宗教在未来社会也许会形成三种关系，这三种关系既可能同时并立，也可能陆续发生。于此略作阐述：一、互补关系：科技能提升生产力、经济力等硬实力，而宗教则能维护精神力、道德力等软实力。对于人类社会而言，硬实力、软实力缺一不可。所以在一定程度上，科技与宗教应该属于互补关系。二、互促关系：某些宗教观点可以给予科技工作者以提示、灵感，从而促进科技的发展。另一方面，随着科技的进步，那些教义陈旧的宗教如果想跟上时代步伐，就必然会进行适当的改革。三、证实关系：世界上最尖端的科学技术与最神秘的宗教往往是相通的，它们相互支持各自的思想和法理。诚然，现代科技已证实了一些宗教言论，这种证实是否会继续，那我就无法预料了。作为一名唯物主义者，我本来不宜列举出这条关系，但是我不想对未知之事武断地加以否认。我与池田先生秉承着不同的信仰，对于科技与宗教之间的关系，也或许有着不同的展望，但至少有一点，我想我们应该并无二致，那就是科技与宗教能够和谐共存，并一起造福人类。

池田：我赞同您的观点。惊人的科学发展让世界发生了巨大的变化。随着科学技术的高度发展进步，人类在获得富裕和方便生活的同时，亲身体会到地球环境被破坏等科学发展的负面影响。前面介绍过的乌干博士也强调说：“我们必须纠正当代所暴露出来的一切扭曲现象，必须重新着手编制，要让一切都‘为了人类’。一旦脱离人民、迷失‘为了人类’的基本价值，科学就会成为‘支配人类’的工具。宗教也一样。如果把科学和知识视作‘为了人类’和‘为了生命’的工具而使用，那将是‘艺术’。”我们正面临着堆积如山的地球环境问题，保全地球和人类的持续生存都已成为迫在眉睫的问题。我在采纳您的观点基础上，要更强调地说：“今天，不管是科学家也好，宗教家也好，所有的人都要携起手来，以保全地球、造福人类、生命尊严为目标，完成各自的使命。”科学和宗教都作为造福人类的艺术和联结地球的文化力，现在正是发挥最大作用的时候。

第十一回
“人和”是创造和平的关键

池田：“岁寒，然后知松柏之后凋也。”在如严冬的逆境中，能看清其人格的真正光芒。严冬的景物中蕴涵着值得我们学习的丰富教训。说起严冬，据说贵国冬季最受欢迎的观光胜地是位于亚寒带地区的东北黑龙江省。八年前，在与黑龙江省社会科学院的先生们会谈中言及此事，当得知隆冬最低气温为零下30度时，我真是大吃一惊。他们说“冰”是黑龙江省的最大魅力，传统的“冰雪节”早已家喻户晓。

高：对，没错。黑龙江省会哈尔滨市，也是我比较欣赏的文化城市。诚如您说的，哈尔滨地处东北苦寒之地，过去，这里雪积冰封、人烟稀少，宾馆和旅游区一年至少有半年是闲置的。可是当地政府和人民，却能够化腐朽为神奇，利用天寒气候所带来的特殊优势，开创了“冰雪文化节”。水晶宫般的“冰雪大世界”，吸引了全国乃至国际大量的游客。时至今日，“冰雪文化力”已大幅度地促进了哈尔滨的经济繁荣，提升了哈尔滨的文化影响力和凝聚力。

池田：是啊，最了不起的是这种扭转乾坤的思维，把严峻的环境这一劣势转换为优势。同为亚寒带气候的日本北海道札幌的冰雪节，也已成为传统。冰雪节于1950年由札幌市等单位首次主办，靠众多市民的双手把它发展至今。大约四十年前，在这传统的基础上，我们创价学会北海道的同志举办了“冰雪文化节”，我有幸出席，现在还记得清清楚楚，特别留恋。不仅是北海道，我们创价同志还在日本全国举办发挥乡土特色的文化节，他们把焦点放在各县各地引以为豪的乡土文化力上，不断努力学习、传承、发挥、振兴当地的特色。有关这方面，高先生也曾指出贵国越来越重视文化力问题，“文化立市”、建设文化强省的计划相继出现。

高：中华文化是一种多元一体的文化。地方、乡土文化力则是多元文化力中的一元。地方文化是中华文化的根源，是本土文化。今天，中华文化包含着很多具有特色的地方文化（同时也是乡土文化），譬如崇尚儒学的曲阜文化、弘扬道教的龙虎山文化、注重端午祭祀的荆楚文化等等。每一种不同的文化，都蕴涵着别具一格的地方文化力，而这些文化力综合在一起，就形成了博大雄浑的中华文化力。不同地域应该根据乡土特色，打造独有的文化品牌。没有个性的乡土文化是平庸的，缺乏文化品牌的地区是难以令人留恋的。有些城市，如西安、南京等，本来就是文化古都，所以这些城市有着得天独厚的文化力资源，比较容易取得丰厚的文化力成果。还有一些城市，历史文化积淀浅薄，文化底蕴不够丰厚。这些城市只要用心去寻找新的文化增长点，经过精心培育，同样可以像哈尔滨一样锻造出新奇的文化品牌。

池田：很重要的观点。佛典有云：“须知国，以国之不同，人心不定……无心之草木尚依其所在，何况有心之人何能不依于其所在乎！”佛法立足于深邃的生命观，告诉我们尊重不同地域、不同国土所孕育的民族性精神文化的重要性。国家级、全球规模的文化事业或交流固然重要，但新智慧和新思维往往产生于周边地域的蓬勃发展之中。那些为本地文化自豪并加以继承、发展的人们，都是人中之宝。我也访问过贵国的许多城市，如北京、广州、上海、西安、郑州、武汉、杭州、桂林、苏州、无锡、南京等地，真是一方水土养一方人，体现出各不相同的气质和性格，很有魅力。刚才提到的黑龙江省社会科学院的各位先生，给我的印象是耿直豪爽，无不体现出黑龙江省的风土人情，尤其是院长范洪才先生，和我的恩师户田城圣先生很像，磊落豪爽。当我说出我的感想后，他说：“创价学会三代会长都反对战争，为世界和平而奋战。三代会长的信念，已赢得世界广大人民的赞同。”表达了对我们运动的共感心声和对和平的真情。副院长步平先生与日本的交流深而广，是处理侵华日军遗留化学武器问题的核心人物。步平先生感慨地说：“我第一次访问日本时，感觉到日本人总在强调自己是战争的受害者。但当我访问广岛原子弹爆炸资料馆后，改变了自己的想法，牺牲者大都是儿童、妇女、没犯任何罪的人，日本人也是战争的受害者。当我知道日本人的受害状况后，开始理解日本人的和平思想。如果日本人能知道中国人在战争中的受害情况，我想日本人也一定能理解中国人的和平思想。”他说出了相互理解的重要性。

高：对，在国际交流中，我们以前也谈到，只有树立“敬其所异”的新风，才能开创池田先生一贯呼吁、一贯主张的和平盛世。我认为其方法以文化艺术为首选。通过文学、戏曲、舞蹈、影视、音乐、摄影、书法、美术、杂技等文艺形式，让不同国籍的人们在歌声、笑声、掌声中交流思想、传递友谊，这种形式显然要比圆桌会议上冷冰冰的谈判更容易令人接受。这种交流可通过政府渠道、民间渠道和商业渠道进行。

池田：对，不光是政府间，地方、民间加深相互理解、广结友情，也是非常重要的，这是我一贯的想法和行动。2011 年 2 月 11

日是户田先生诞辰一百一十一周年纪念日。先生曾愤慨地写道："我自少年时代就对某种行为感到特别不可思议"，那就是国与国之间发生战争这一"最脱离文化的行为"。户田先生要说的是，人与人之间讲究礼仪，注意言词，言行举止都很有文化，可国与国之间一旦断绝外交，马上就沦为激烈的战场，这就是当时的国际形势。20 世纪是国家利益高于一切的时代。为截断这种悲剧的连锁，恩师认为必须树立真正有文化的、能成为和平乐土基础的思想哲学。恩师秉持"要从这世上铲除'悲惨'二字"的强烈信念，毕生致力于和平运动。1957 年，他发表《禁止原子弹氢弹宣言》，一针见血地指出，在核军备竞争的背后，潜藏着人心中的魔性。我作为户田先生的弟子，又作为亲身经历 20 世纪悲惨战争的当事人，认真且具体地思考着该为此做什么。四十三年前的 1968 年 9 月 8 日，与户田先生发表《禁止原子弹氢弹宣言》同一天，我继承恩师遗志，在一万数千名学生面前发表了日中必须恢复邦交正常化的倡言。

高：当时，池田先生冒着生命的危险发表这份倡言。先生冒着极大的风险强有力地指明中日两国和平的途径，是和平事业的先驱，为中日两国人民的友好立下丰碑。先生的高尚人品、远见卓识和富有勇气的行动，赢得我国人民和世界人民的尊敬。

池田：您太过奖了。总之，在思考今后的日中关系时，重要的是民众之间的交流和相互理解。创价学会首任会长牧口常三郎先生明确指出："有国民才有国家，有个人才有社会。"他认为，个人的成长与发展能带来国家的繁荣，个人的倒退导致国家的衰微。就此，我们在前面也提到，新中国成立后不久，周恩来总理就强调"以民促官"的方针。我敬佩周总理的先见之明。回想起来，在日中两国实现邦交正常化的 1972 年，周总理是边与疾病搏斗边从事繁重公务。而且，又时值"文化大革命"的狂风暴雨之中，他不得不在举步维艰中作指挥。周总理是在这样的背景下，竭尽全力实现历史性的日中两国邦交正常化。周总理的伟大是无法用语言表达的。

高：我有同感。世界伟人周总理的外交智慧给了我们这样的启示：外交的基础是人民的力量，政治的依托是文化的力量。之前我们已提到“文化大革命”，那时我被打成了“反革命复辟集团”的头子，1972 年才从下放的农村回到了北京人民印刷厂工作。这年 9 月的一天，我从《人民日报》上得知中日邦交正常化的消息。中日邦交正常化的消息一经传开，好比在一潭死水中掷下一块石头，激起圈圈涟漪。多数人感到中日邦交正常化是件大好事，有利于中日两国人民过上太平日子。也有人持有怀疑态度，认为《联合声明》讲得挺好，能不能实现还得骑驴看唱本——走着瞧。总之，这件大事使我心头一亮。但当时我并不了解中日邦交正常化的内幕情况与艰难历程。后来才得知，池田先生是恢复中日邦交正常化的“倡言者”和“举旗人”。

池田：谢谢，过奖了。说起日中友好的历程，是日本的松村谦三先生、高碕达之助先生等许多前辈与中国人民携手共同开创的。国与国之间的友好其实也都产生于人与人之间的友好关系，其根基是国民，是民众。加深两国人民的信赖关系是根本，而文化交流、教育交流是构建信赖关系的基础，所以特别重要。第一次访问贵国的同一年，我也首次访问了当时的苏联。那时，中苏两国正处于激烈的对立之中，但我访问莫斯科大学时却吃惊不小，因为校长办公室墙上的一幅美丽的挂毯吸引了我，图案是莫斯科大学全景，是北京大学赠送的。它让我明白，不管政治局势怎样变化，教育者之间的友谊是不渝的。说起贵国与俄罗斯的友谊，文豪托尔斯泰第一次与中国人通信的对象，据说是一位无名的青年。那位青年就是被派到俄国留学的张庆桐，信是于 1905 年写的。留学俄国的张庆桐把中文书籍翻译成俄语、附加一封表达敬意的长信一同寄给托尔斯泰。托尔斯泰时年七十七岁，他自青年时代起就熟悉中国的文学、哲学，一直希望能有机会和自己敬仰的中国人交流，当他收到此信，非常高兴，马上就给了回信。他们一致认为，两个民族应该携手共进。晚年的托尔斯泰已享誉世界，对于来自世界各地一般读者的来信，他都高兴地给予回信。他在信中自豪地写道："在我如辐射状的关系中，最遥远的国家有远东、印度、美国、澳大利亚等。"反对战争、希求和平的文豪坚信，只有绝大多数憎恶战争的各国人民才能阻止战争。因此，与世界人民缔结的友谊让他引以为豪。

高：其实，我也希望有机会去当时的苏联。50年代的时候，走到大街上，常听到人们唱着"苏联是老大哥，咱们是小弟弟"的流行歌曲。当时，约二十来岁的我想到苏联去学印钞术，于是我开始学俄语，在北京宣武红旗业余大学俄语系学了三年，经过考试拿到了毕业文凭。当我准备申报去苏联学习时，中苏关系破裂，我去苏联的梦想也随之破灭了。

池田：原来如此。不过，之后高先生仍然坚持学习外语、力争理解不同的文化，我知道您还曾和您儿子一同学习日语。青春时代的艰苦经历，一定有助于未来，特别是外语，是理解国际社会强大的力量。关于青少年时代学好外语的重要性，是我常对日本后继人才们说的话题之一。我自己小时候也想学习外语，那还是把英语称为"敌国语言"的时代，一方面没有好老师，加上太忙，没能好好学习。在走访世界中，我不知有多少次后悔"要是掌握外语该有多好啊"。

高：我深知池田先生在全世界推展对话的功绩。我想，多学习一门外语，就多一个了解世界的窗口。1979年樱花盛开时节，我率领中国青年代表团访日时会见了池田先生，结识了许多日本朋友，同时感到日本是一个伟大民族，有许多值得学习和研究的地方。正在这时，一位我国政府的外交官说：“你在团中央毕业后，到中国驻日本大使馆来搞中日文化交流吧！”这句话打动了我的心。于是我报考了日语学校，风雨无阻地坚持了三年学习，经过考试，也拿到了日语毕业文凭。中日邦交正常化后两国文化交流空前活跃，我自己也有许多参加中日文化交流活动的机会。

池田：您让我想起了自己于1974年第一次访问贵国的往事。那是在访问上海曹杨新村幼儿园时，我加入了可爱的幼儿园生们的跳舞圈子里，我模仿他们转着圈子，脑海里浮现出几个月前在美国、秘鲁见到的孩子们的面容。不管访问哪个国家，少男少女们的双眸都炯炯有神，就好像晴朗的天空没有一丝云。蓝眼睛、黑眼睛、褐色的眼睛，眼睛的颜色虽不同，但其光芒是没有国界的。我们必须更加关心培养这些闪烁光芒的“明眸世界”。我曾把这些想法归纳在一首题为《少年》的诗中：

诸君！
你是无限地创造世界的王子……

你的双眸是纯粹生命的小窗口
是透明的精神之镜
切莫因邪恶才智的污浊而模糊
正视变幻莫测的社会
请继续凛冽无畏地行进

雏鸟终将成凤凰
啊　当它振翅长空时
至今一切的辛劳被升华
都为人间胜利的欢喜所包容
胜利凯歌冲云霄

> 未来的人类　诸君各位！
> 你的心中　你的掌中
> 寄托着圆圆地球的命运……

高：我深有同感！我自孩童时就尝遍了战争带来的种种灾难。约在五十年前，我写了一首描写战后人民悲惨状况的诗：

> 路旁堆死骨，
> 朽木落乌鸦。
> 乌云滚滚山河碎，
> 血雨腥风处处刮。

从青少年时代起我就诅咒战争，祈求和平。随着年龄增长和历史知识增多，越发感到战争给人类带来不尽的灾难。2005 年，是世界反法西斯战争暨中国人民抗日战争胜利六十周年。当时，全国一片反战声。我当然赞成反战，但我们不能停留在反战上，而应该在吸取历史教训的同时，着眼于向前看，着眼于未来，着眼于和平。这是驱使我写《和平颂》的一个原因。

池田：《和平颂》这首诗我已拜读，深有共感：

> 游太空兮开新路，
> 探宇宙兮保和平……
>
> 地球村民，休戚与共。
> 以邻为伴，和睦乃生。
> 和为贵，和为明，

和则顺，和则兴。
和是久旱之春雨，
和是酷暑之清风……
和合交融，其力无穷；
令荒野苒苒兮秃岭葱葱，
长空朗朗兮碧水泠泠……
化干戈为玉帛，
扫阴霾见光明。
创千秋之伟业，
开万世之太平……

我认为这首诗的根本目的是，全世界应该自觉到每一个人都是高先生讴歌的"地球村民"，应该共同实现千秋伟业的和平。

高：谢谢。2005 年 10 月 12 日，这首书法长诗随着"神舟六号"腾空而起，在太空飞行了一百一十五小时三十二分，绕地球七十六圈，行程三百二十五万公里，于 10 月 17 日胜利返回大地。《和平颂》在第十九届世界诗人大会上被评为金奖，我被评为世界"桂冠诗人"。《和平颂》这首长诗成了"神舟六号"的文化见证，也许在几百年之后，它会成为中国航空史上的一件文物。

池田：富有深远的历史意义啊！高先生的作品《和平鸽》照片则搭载在"神舟七号"上遨游长空。科学技术的进步告示我们，真正的宇宙时代已经到来。我也常主张："新的'和平哲学'应该具有宇宙视野。希望我们创价教育能向宇宙学习，感觉到宇宙就在自己的身边。"年轻的生命中蕴藏着新的构思和新的力量。2010 年 5 月，我们创价大学工学部（工程学院）制作的超小型人造卫星"愿（Negai）"第一次迈向"宇宙之旅"。这个人造卫星的材料都是学生们在一般的小商店搜购的。它和日本宇宙航空研究开发机构（JAXA）的金星探测机“晓（Akatuki）”一起发射升空，按预定计划绕地球周转，展开宇宙空间的信息处理实验。这次根据学生们的新创意，在“愿”中搭载了缩微胶卷，上面记录着多达八千名儿童写在明信片上的“愿望”，其中有“我的梦想是地球的和平”、“希望成为天文学家”等等。当初估计它约二十天后重返大气层，结果却持续飞行了一个多月，根据计算，它已绕地球五百周以上。最后，它与八千名儿童的梦想一起化为“流星”飞逝。另外，我们创价学园关西校，于2000年2月在全日本的学校中率先参加美国宇航局（NASA）的教育计划“中学生了解地球知识（Earth-KAM)”（即让中学生们能够通过安装在航天飞机上的照相机对地球进行拍摄，然后再对传输回的照片进行分析研究），至今已连续参加三十二次，成为全世界参加次数最多的学校。学园生们以宇宙的视野相互学习如何保护珍贵的地球。

高：太好了，出于创价大学学生和相关人员的构想，用人造卫星成功搭载儿童们的梦想，真是件了不起的壮举。

池田：与您的诗作《和平颂》相关联，“和平”到底指什么呢？我已与多位有识之士就此重要课题对谈。在与前苏联总统戈尔巴乔夫先生的会谈中他说：“如果认为永恒的和平是‘什么都不须做的无风状态’，则毫无价值。现实社会中没完没了地出现种种问题和矛盾，重要的是怎样来解决它们。靠‘暴力’还是靠‘对话’，因所采取的方法而决定是‘战争’还是‘和平’。”我赞成戈尔巴乔夫先生的观点，“对话”才是实现和平的最大武器。如果靠暴力解决问题或矛盾，就只会产生暴力的连锁反应和恶性循环。诚如戈尔巴乔夫先生说的，现实社会中不断出现问题和矛盾，时代越进步，复杂难解的问题矛盾就越多。在这样的背景下，彻底展开对话最为重要。我们应该坚信，无论是怎样的问题都是由人产生出来的，因此我们一定能够解决它，绝不放弃对话。2009 年我们第十次会谈，正好是推倒“柏林墙”二十周年，我们一致认为：“应该再一次给全世界的青年送去勇气，即‘我们能够攻破任何壁障’！”

高： 2005 年我为联合国举办的世界和平周写了《世界和平万岁》歌曲。翌年我荣幸地获得了第十七届世界和平周颁发的“和平使者”称号。兴奋之余，我又写了一首《和平之歌》，其中写道：

和平就是吉祥，
和平就是宁静，
和平就是幸福，
和平就是春风。

和平不是凝固的，而是一种动态的和谐。因而，争取世界和平、维护世界和平、保卫世界和平，是人类永恒的主题。维护、创建世界和平，要做多方面的工作。

池田： 对，和平不是伸手得来的，而是靠每一个人创建出来的。高先生写《和平之歌》同一年的 2006 年，我也创作了一首诗，题为《和平！和平！幸福来自和平之中》，其中写道：

空中有
百鸟飞翔之道
海里有
群鱼畅游之道
天上有
繁星周转之道

人间有
正义规律之道
这就是和平之道

从能做的着手
踏出第一步
笔直向前走
哪怕是一厘一毫

和平
并非遥不可及
和平就是
珍 惜 每 一 个 人
的心
不让慈母悲痛
与异于己者沟通
即使争吵
定将聪明地和好
不该沉默
要放声伸张
歌声回荡之处
定能扩展和平
友好对话蓬勃
定能深化和平
有谦虚互学精神
和平则永不崩溃

我认为，脚踏实地把这种“和平精神”一传一地推展开去，就是构建和平的根本之道，虽然看似在绕远道。2007 年，在贵国人民大会堂万人礼堂举办了纪念日中两国邦交正常化三十五周年音乐会。我们夫妇的老朋友、出生于香港、现作为日本联合国儿童基金会形象大使活跃于世界舞台的歌手陈美玲女士，演唱了她在日本广受喜欢的《虞美人之歌》、《原野牧歌》等中国人民也都耳熟能详的歌，据说她还用汉语和日语演唱了以我的这首诗为基调创作的歌曲，以表祈愿世界和平的心愿。总之，谁都认为绝不能让愚蠢的战争再次爆发。

高：池田先生的诗非常精彩，而且我认为，歌是在世界上推广和平的伟大文化。在维护世界和平中，我认为以下的三大要素特别值得重视，这就是：关键在于人和，力量在于民间，希望在于青年。说关键在于人和，是因为人和是和平之根。我在《新三字经》中写道：

国不和，刀兵起，家不和，骨肉离。
人不和，心不齐，志不和，道分歧。
社会和，少暴戾，民族和，国之基。
将相和，力生威，家庭和，万事吉。

池田：这段文字非常精彩准确地表达了“和”的重要性。说起“人和”，我想起了《三国志演义》中诸葛亮对刘备讲说“天下三分计”的场面，其重点就是“人和”吧。“人和”是和平的关键，是争取幸福胜利的最大力量。因此，最重要的是基于崇高精神的“和”与团结。牧口先生曾指出，恶人臭味相投，易于勾结在一起；善人则易孤立。为实现和平与共生，构筑善人的阵营与人和虽然困难不少，但却极其重要。

高：我由衷赞成您的想法。季羡林先生曾经说过，中国传统文化的核心思想是一个“和”字。我完全同意季老的看法，我创作诗歌时，也始终把“和”字奉为圭臬，并不断地以此来净化自己的诗心、提炼自己的诗艺。

池田：您让我想起了我与贵国著名国学家季羡林先生及他的学生、中国社会科学院教授蒋忠新先生的鼎谈。我们用了七年时间就关系到20世纪、21世纪的问题展开鼎谈，并出版了《畅谈东方的智慧》鼎谈集。书中，季羡林先生阐述了自己一向坚持的和平信念。他说：“我感觉到，在新千年开始的时候，我们全世界人民需要的是和平，是相互理解，是友谊。”“世界上不论哪个国家，凡是爱国又爱和平的人民总是心心相通的。”“中国古代就有‘大同’思想。可能会经过很长的阶段、很久的时间，不管用什么形式，人类总会走向‘大同’之域。”“我现在判断一个善人或好人和一个恶人或坏人，标准很简单。如果一个人能为别人着想，想到别人的利益，想的量能够超过百分之六十，其余百分之四十为自己着想，能做到这一步，他就是一个好人。为别人着想的百分比越高，他的善的程度也越高。相反为自己着想的比率超过百分之四十，这人就不能说是好人了。”不愧是志向“和”的季羡林先生明快的人生观。

高：对，一直以来，我都认为“和”的最高境界是“和合”。从文化角度看，只有把不同的文化“和合”起来，才能形成更为雄厚的文化力。我之所以说“人和”是和平的关键、力量在于民间，是因为人的真正力量在人民大众之中。

池田：不错，这也正是我想说的。我作为一介民间人士，一直在作自我挑战，即自己到底能为和平事业做多少事。我第一次访问中国是从羽田机场出发的，以中国大使馆为首的许多人前来送行，在即将飞离羽田机场前，我面对大家说：“我是和被称为穷人、病人的学会员们一起奋斗至今的。我们既不依靠权力，也不依靠财力。”这就是我们最大的自豪和强势。在当今的国际社会，针对国家间交涉中濒临极限的各种问题，NGO（非政府组织）的意义将越显重要。我们 SGI 也作为联合国经济社会理事会、联合国教科文组织正式注册的 NGO，与各类团体相合作，积极开展在和平、人权方面的启蒙活动等。

高：民间的社会组织——即通常讲的 NGO，是维护世界和平的一种强大的力量。您曾经指出：在 NGO 亦即市民挑起积极任务的阶段，民众应该掌握时代变通的主导权之意识已经在全球提高。“觉醒”与“开眼”是 SGI 和平运动的焦点。我很欣赏您的这种深刻见解，您所领导的创价学会，是国际民间组织的典范，在促进世界和平运动中作出了卓越贡献。总之，和平的希望在于青年。您在与胡锦涛主席会谈时（1998 年 4 月时任国家副主席）说过：“除了青年进行热情的交流，没有别的发展和平友好的道路。”我亦坚信，青年在交流中播下的和平友谊种子会生根、开花、结果，发挥着永久的作用。青年掌握着世界和平与未来。

池田：我由衷赞成。我也秉持同样的信念，不管遇到怎样的困难都相信青年，为青年的未来开创道路。我铭记贵国的一句名言：“冬日之闭冻也不固，则春夏之长草木也不茂。”

第十二回
在信赖的基础上构筑和平

高： 北京、东京都快迎来百花盛开的春天了。我从心底里喜爱花。如今我已饱阅炎凉，历尽沧桑，但我依旧爱花若狂。

池田： 春天的花朵是战胜严寒的胜利象征。“万紫千红总是春”是著名思想家朱熹《春日》诗中的一句。与高先生满结友谊历史的创价大学校园内，除了我们共同种植的“周夫妇樱”，还有雪柳、连翘、杜鹃花等等，整个校园百花缭乱、婀娜多姿，每年的春天都在这美轮美奂的大自然景色中欢送毕业生、欢迎新生。

高： 我家附近栽种着多种花卉，每逢春天，月季、桃花、杏花、李花、梨花盛开。其他还有蔷薇、菊花、桂花……我是一个天生为美而狂的诗人（笑），所有芬芳艳丽的花卉，都能让我为之倾倒。对于所爱之花，我决不吝啬感情与赞美，因此，我创作了一百首七言律诗，来吟咏九十九种各具特色的花卉，并配以一百帧彩照，出版了诗歌摄影集《百花吟》。最近，我又以诗和词的形式创作出版了《双百诗词集》。

池田： 用心去发现更多的美、赞扬美是真正的美丽心灵。高先生的花卉摄影集中写道："一百种花有一百种美的情操，每一种情操都让我敬仰；一千簇花有一千个美的梦想，每一个梦想都给我力量。""花是友谊的最佳使者，花是和平的最好形象。花是人类的甜蜜。"字字句句洋溢着高先生对自然花卉的美丽诗心。

高：谢谢，以前我说过自己喜欢莲花，在诸多花卉中，我还比较偏爱"冰心玉质"的水仙花，有诗为证：

何必污泥何必沙，
冰心玉质最无瑕。
苦依顽石根虽浅，
久抱清泉志可夸。
顾影自怜长寂寞，
飘香谁赏暂浓华。
且开且谢窗台下，
不信人间有别花。

我爱花之心虽诚，但咏花之诗却未必尽佳。

池田：高先生的诗完美地表达出在早春清秀盛开的水仙那凛然风姿。在日本，传说水仙是遣唐使从贵国带回来的。日本的福井县越前海岸作为水仙的群生地闻名遐迩，水仙花凛然盛开在呼呼海风中。福井县，是鲁迅先生毕生由衷敬慕的教育家藤野严九郎先生的故乡。您文中的"冰心"二字，让我想起了贵国现代著名文学家谢冰心女士。我和妻子与冰心女士曾在日本的静冈县和贵国北京市相会交流。六十年前，冰心女士在日本的演讲中指出："要想成为诗人应具备三个条件。其一是神经敏锐，能清晰地发现事物和明辨道理；其二是观察深刻，能感受到普通人不能感受到的事物；其三应具备精细描绘感受到的事物的能力。有了这三个条件，无论在怎样的环境中也能写出诗来的。你们大家都可能成为诗人。”我认为，冰心女士要说的是，诗不是属于某些特殊人物的，而是忠实于生活的人的真情表露。

高： 对，我有同感。有人认为，只要多读一些诗歌，就可以培养民众尤其是青年的“诗心”，对于这种观点，我不敢苟同。某些学者读了一辈子的诗书，能背诵一些普通人闻所未闻的诗句，但和“诗心”并无太大关系。个人以为，“诗心”就是“诗化的爱心”。要培养诗心，首先就要培养心中的“爱”。对于年轻人而言，就是要爱父母、爱家人、爱朋友、爱民族、爱国家……乃至爱有情众生、世间万物。只有心中充满了爱，才能在诗歌的熏陶下，最终拥有一颗高尚而灵敏的诗心。冰心女士很喜欢“爱心”二字。我知道，池田先生的夫人被福建省冰心文学馆授予“爱心大使”称号，池田先生是该馆的“名誉馆长”。

池田： 这是纪念馆对我们的错爱，也是我们的荣幸。冰心女士在前面提到的演讲中还指出：“在这个充满苦恼的现实世界，诗人要与人们共同认识世界，共同谋生，所以也就必然为生活而写诗了。”在日本，贵国的古典名著《淮南子》被广为阅读研究，其中一句是：“众之所助，虽弱必强；众之所去，虽大必亡。”如书中所言，唯有立足于民众大地，与民众同甘共苦，才可能开放出馥郁芬芳的文化花朵。

高： 与某些西方国家不同，中国历史上多数时期的统治阶级，至少会在名义上保持对普罗大众的关爱与尊重。《孟子》中写道：“民为贵，社稷次之，君为轻。”源自民间的《诗经·国风》，在中国文学史上一直享有最高地位。从《诗经·国风》开始，汉诗就是民众宣泄心声的窗口。正因如此，在周、汉两朝，聪明的统治者才会设立采诗机构，采集、编纂民歌，并从中了解民众的呼声。这种形式不仅对时政颇有裨益，而且在一定程度上，还起到了舆论监督的作用。

池田：中国最早的诗集《诗经》讴歌着古代人朴素丰富的诗心和智慧。“国风”被收录于《诗经》后，被认为是各地的民歌。《采葛》、《葛覃》、妇人盼望远役丈夫早日归来的《殷其雷》等等，都坦率地表达出当时百姓的实际生活。以前，为鼓励日本青年，我曾向他们介绍过充满友情的一节“岂曰无衣，与子同裳”。

高：当然，民歌并不是中国诗的唯一源头。先秦时期，与“国风”相对的诗歌经典还有庙堂文学“大雅”及精英文学《楚辞》。重视“国风”的传统，使得几千年来的伟大诗人，纷纷甘于向民歌学习，乐于向民众靠拢。从唐代的“新乐府”到当今的“新国风”，具有社会责任感的诗人们，总是把自身的命运与国家、人民紧密地联系在一起。如果说，“代圣人立言”是中国的文脉，那么“为百姓立言”则是中国的诗风！

池田：以前，我曾与香港作家金庸先生围绕文学进行对谈。其中，金庸先生介绍了贵国东汉大儒郑康成所解释的引用《诗经》“讽谏”的传统——郑康成的解释是：古时君主与臣子关系亲密，臣子有什么意见，对君主直说就是了，但后来君主架子渐大，威权渐重，臣子不敢直言，只好引用《诗经》来婉转进言。

高：诗歌的表达方式则不必过于激烈、冲动，因为言辞过激反而不易被人接受，包括统治阶级。譬如，“国风”中的一部分讽喻诗，正是由于“哀而不伤”、“怨而不怒”、意味含蓄，所以才会受到统治阶级的认可，从而对时政有所裨益。诗歌能净化心灵、激发精神力。拥有诗心的政治家，往往更执著于追求美好，开拓未来。周恩来总理平生不以诗词闻名，但是他青年时代所作的绝句“大江歌罢掉头东，邃密群科济世穷。面壁十年图破壁，难酬蹈海亦英雄”，格律工稳，气势磅礴，其中境界亦非常人所及。

池田：这是毕业于南开中学的周总理十九岁赴日本留学前写下的诗，我也很喜欢这首诗，曾在创价学园的毕业典礼上详细介绍过。诗中闪烁着青年正义精神的光芒。周总理兼备精深的文化素养和开阔的国际视野，我认为在建设“共生、共荣”的当代社会，周总理应该是领导们学习的榜样。1992年我在中国社会科学院做演讲，其中我列举周恩来总理为东方“共生性道德气质”的典型理想人物。就周总理在外交场合的细心关怀等，我指出：“周恩来总理放眼大局而不忘细节，心有秋霜志而笑容布满面，不以自我为中心而重考虑对方的立场，既是中国的好公民又是世界主义者，总是把温和公正的目光投向人民。他的卓越人格，发扬了鲁迅说的‘其实革命是并非教人死而是教人活的’伟大精神。”这当然不是神化周总理，而是指出必须继承先人的伟大遗德。

高：周恩来总理杰出的智慧，也正是对中国“尚文”传统的继承和发扬。周总理提出的和平共处五项原则，正是中国文化和谐共存的“大同”理想在国际关系处理上的运用。他倡导中日两国人民以史为鉴向前看，不为暂时的政治利害所纠缠，为世界和平发展作贡献。中日文化交流的先驱、与周总理结下深厚友情的日本松山芭蕾舞学校校长松山树子说：“周总理之伟大，就在于他能够把政治作为世界文化的一部分而加以推进实施，并且能够使人们广泛、深入地加以理解。”松山芭蕾舞团团长清水正夫也说：“周总理的政治之所以能吸引别国的人民接受，是因为周总理具有包含政治经济在内的广义的人类丰富的文化性。”我认为，这些评价是对周总理外交智慧的深刻认识与高度概括。我们可以从周总理的实践中汲取无穷的智慧。

池田：通过民主音乐协会，我们与松山芭蕾舞团有着很好的交流。清水团长曾坚定地说："日中友好，不管在怎样的情况下都是以人为本，自己的切身感受才是真。如果有这样的真感受，就不会因琐事而动摇，也不会因谁说了什么话而动摇自己的信念。"总之，诚如我们至今的对谈，在东方富饶的精神文化中，蕴藏着滋润当代社会包括不同国家、民族的丰富智慧。关键在于怎样来弘扬这种精神文化、怎样让它融入人们的生活之中。我认为中国传统的"天人合一"思想就是其中之一，在前面我们也曾谈过。

高："天人合一"可理解为自然与人共生共存的关系。"天人合一"说发端于先秦，成熟于西汉，当时，绝大多数中国人都相信，天灾与人祸是互相感应的，因此，当发生日食、地震等"不祥"天变后，在位君主往往会检讨自己的施政错误。不过现代人都知道，日食、地震都只是自然现象，与人间的政治得失并无必然关联。不过，自然与人一体的想法是中国一贯的文化精神。个人以为，现代人主要应该通过以下三种形式去理解并实践"天人合一"说：第一，地球在宇宙中只是一颗小小的行星，人类在地球上只是一群来去匆匆的过客。宇宙可以没有地球，但地球不可以脱离宇宙；地球可以没有人类，但人类不可以离开地球。可见，每个人都是大自然中极其渺小的一分子，所谓"皮之不存，毛将焉附"，只有热爱自然，保护环境，人类才能生活得更美好、更长远。

池田：人是自然界的"居民"，热爱、保护作为"家园"的地球是应有的生活态度，这种说法能让人生动地领会"天人合一"的思想。诚如我们上次谈到的，天人合一思想、佛法的依正不二哲理都是人与自然共生的坚实基础。中国的妙乐大师在《弘决》

中指出："知此身中，具仿天地。知头圆象天，足方象地……鼻息出入，法山泽溪谷中风。口息出入，法虚空中风。眼法日月，开闭法昼夜。发法星辰，眉法北斗。脉法江河，骨法玉石，肉法地土，毛法丛林。"也就是说，人该是小宇宙般的存在。总之，佛法阐明超越被贪、嗔、痴所覆盖的人之小我（自私、欲望），实际存在着宇宙般广袤且确确实实的大我生命，即能够打开佛界。"贪"是贪欲，"嗔"是朝向自他的愤怒感情，"痴"是不谙生命道理的愚昧。汤因比博士视自私的欲望为"魔性的欲望"，视与"大我"融合的欲望为"走向爱的欲望"。佛法的目的是把囿于"小我"的人生改变为以"大我"为根本的人生。

高：很有道理。"天人合一"的第二个意义在于超越自我，挖掘潜能。有人认为，人体的构造并不比宇宙简单，人体是微观的宇宙，宇宙是宏观的人体，这种看法是不无道理的。人体如宇宙一般，具有难以估量的潜能。据说，普通人对自身脑细胞的运用率只有十分之一，通过与自然的一体化，人的潜能将得到充分地发挥。

第三是顺应天时，节制人欲。随着现代科技的发展，人类的欲望也在不断膨胀，但这些欲望不该是"逆时"的。近年来，人们越来越重视绿色食品、有机食品，这或许是人类努力"顺应天时，节制人欲"的表现。在为此努力的过程中，重要的是要亲近大自然、要感谢大自然的恩惠。我曾经发现一个较为普遍的现象：当今中国真正喜欢锻炼身体的人，通常都会选择野外跑步、公园打拳、徒步登山等户外运动，很少去健身房。在我看来，这种习惯正是源于"天人合一"思想，因为很多中国人都觉得，只有亲近大自然、拥抱大自然，才能使自己更健康、更惬意。正是基于上述一些想法，我在《新三字经》中将"天人合一"的理念写成了一段三字经：

天地水，是三元，养万物，亲自然。
天道历，地道严，水性柔，顺而险。
慎开发，节能源，播绿色，种福田。
芳草地，碧云天，杏花村，桃花源。
元气旺，福气添，心神怡，寿延年。
天人合，永世安，地球村，乐陶然。

池田：这段三字经很生动地表达出热爱自然、竭力守护自然的重要性，与英国著名的自然派诗人威廉·华兹华斯的诗句相呼应。华兹华斯在诗中写道："大自然，把人类的灵魂和她的杰作连接起来了。""这是自然的特殊恩典，贯穿我们一生的岁月，从欢乐引向欢乐。"杜维明博士认为，"天"具有自然环境意义的同时，也具有作为人类道德依据的宇宙法则的意义，他说："孔子以前的中国有一句谚语叫'天生人作'，很好地表现了这种'天'和'人'的伙伴关系。就是说，'天人合一'中的'人'，不是从属于绝对者的'被创造物'，而是创造性地积极地参与宇宙和自然的'共同创造者'。"他强调不可或缺的是"人的努力"、"积极作用"。这与大乘佛教的思想相通。佛法教示人们遵循宇宙根本法，为他人、为社会作贡献，具体地说就是开展菩萨道的实践。而大乘佛教的菩萨道，是指参与大宇宙进化与发展的"共同创造者"人的行为活动。"天人合一"、菩萨道思想是东亚"共生思想"的象征，它们将成为让分裂、对立的现代社会再生的关键。要解决现代社会的问题，经常需要人们舍小异取大同，这也是今后领导人必备的素质。我在中国社会科学院的演讲中，列举周恩来总理为"共生性道德气质"的典型理想人物。就周总理在外交场合的细心关怀等，我指出："周恩来总理放眼大局而不忘细节，心有秋霜志而笑容布满面，不以自我为中心而重考虑对方的立场，既是中国的好公民又是世界主义者，总是把温和公正的目光投向人民。他的卓越人格，发扬了鲁迅说的‘其实革命是并非教人死而是教人活的’伟大精神。”这当然不是神化周总理，而是指出必须继承先人的伟大遗德。

高：世界伟人周恩来总理杰出的外交智慧，也正是对中国“尚文”传统的继承和发扬。周总理提出的和平共处五项原则，正是中国文化和谐共存的“大同”理想在国际关系处理上的运用。他倡导中日两国人民以史为鉴向前看，不为暂时的政治利害所纠缠，为世界和平发展作贡献。周总理的外交智慧给了我们这样的启示：外交的基础是人民的力量，政治的依托是文化的力量。

池田：您说得对，纵观历史，我们都知道，贵国以“大同”精神为执政的理想。丰富又独具特色的精神文化、传统文化的地下水脉一直奔流不息。

高：儒、道、佛是传统中国并驾齐驱的三个重要学派。儒家的进取、道家的旷达、佛家的慈悲，都是值得传播给世界的智慧。池田先生强调要继承先人的遗德，例如，儒家非常重视孝友、忠勇、廉耻等美德。可惜，随着西方腐朽思想的渗入，很多中国人反而抛弃了这些美德。我想告诉中华民族的每一分子：“再怎么时尚、再怎么新潮、再怎么和国际接轨，我们也不能把老祖宗传下来的精神遗产、道德遗产给扔了！”道家思想的现代意义为“老氏之学最忍”，所谓“忍”也是中国道家思想的精粹。道家不仅热爱自然，并且还从天地万物的规律中摸索出了为人处世的道理。“上善若水。水善利万物而不争，处众人之所恶，故几于道。”诚然，水性至柔，常穿越最狭小的缝隙，流向最卑下的沟渠，但是它却可以润泽草木，哺育人畜，并磨平锋芒毕露的铁石。个人以为，道家学派所提倡的谦退忍让、以柔克刚、以弱制强等“水智慧”，具有一定的普世价值。

池田：“水智慧”的启发的确很大。印度哲学家洛克什·钱德拉博士曾说：“道教的经典《道德经》对宇宙有着尖锐的洞察。”关键是要在这些智慧的基础上把它落实到创造价值的行动上。香港大学刘笑敢教授在进行美国心理学家马斯洛研究等后提出“道家的责任感”观点，即通过分析老子的言论，改变了此前对老子的消极印象，发现老子的思想在当今以人民的主体利益、繁荣、乃至社会和宇宙相协调为优先的课题中起到积极的指导作用。类似这样重新开展的研究，将给当代世界的发展以新的趋向和观点。大乘佛教中有六波罗蜜菩萨道修行，具体为布施、持戒、忍辱、精进、禅定、智慧。日莲佛法教示，在信仰和弘扬宇宙法则的过程中，六波罗蜜的特性将放光芒。六波罗蜜在现代可说是做人的六项指针。“布施”指对他人的贡献、奉献。“持戒”指人持有付诸实践的伦理，内含高先生刚才谈到的“不可说谎”等。“忍辱”指忍耐力，与道家思想相通。“精进”指不懈的努力。“禅定”指定心、集中，之后涌现出克服烦恼（贪、嗔、痴）、破灭邪恶的“智慧”。这正是现代人应该磨炼和发挥的精神力。另一方面，儒教讲“仁、义、礼、智、信”五德，天台大师在《摩诃止观》中把这五德与佛教“不杀生戒”等五戒作了比较。

高：对。“仁、义、礼、智、信”均为跨时代、跨国界的普世美德，我认为，其中“信”是另外“四德”的基础，并且应该最受现代中国关注。假设一个人仁、义、礼、智兼备，单单只少了一个“信”字，那么他所谓的“仁”只能是反复无常的“假仁”，所谓的“义”只能是朝秦暮楚的“伪义”，所谓的“礼”只能是华而不实的“虚礼”，所谓的“智”只能是不成大器的“小智”。在我看来，不仁不义者是“危险品”，无礼无智者是“次等品”，而缺乏诚信者，则应被打入“报废品”的行列！在资本主义国家，“信”被认为是最重要的品质，因为如果没有“信”做保障，那么市场将失去秩序，所有的交易均无法顺利完成。相对而言，计划经济时代的中国，却并没有把“信”置于首要地位，因为当时人们只需按国家分配从事工作，是否守信，不太会影响生活质量。然而，当今中国已进入市场经济时代，任何人想要在社会上立足、发展，就必须先获得他人的信任、信赖，于是，“信”成为中国人步入21世纪的通行证。

池田：谢谢您以现代观点加以生动地解释。《论语》云“民无信不立”。对他人的信赖、对自己所属社会的信赖——我们的日常生活是在各种信赖的基础上得以维持的。经济发展也是建立在个人之间、企业之间、国家之间牢固的信赖关系上。“信”在佛法上也极为重要。虽然没有严格地把它体系化，但经文中强调“信”至少有三重意义。基于梵语和汉语的双重理解，大致如下：一是“敬信”，意为对大宇宙的虔敬心。不是利己主义，而是与万物共生的精神，就是儒教所讲的对天的敬畏之情。《华严经》说“信为道元功德母”，《法华经》指出“以信得入”。二是“信解”，信中孕育着理性的精神行为和丰富的智慧。佛法阐明：“慧如不堪，以信代慧，信之一字为诠。”三是“净信”，领悟自他尊严的崇高境界。通过上述的“信”，确立真实的自己，和与高先生对谈的五戒、五德等，定能开启拥有丰富的道德情感、万物共生智慧的崇高境界。只要这三个“信”生根，就能与任何人、社会、共同体等建立牢固的信赖关系。总之，寻求佛教、儒教、道教等宗教的人共有“信”文化，“信”文化是寻求更深层人生的精神性，是与他人向着更好方向前进的强有力的和谐之源。我和汤因比博士曾论及，在世界文明形成、发展、衰退的历史中，“宗教信仰”是促使人类团结、形成文明的基石。博士说：“人没有宗教、哲学是活不下去的。”抑制自己的欲望、孕育关爱他人的慈悲心，寻觅人生目的、为自己能有益于他人而掌握知识。宗教的重要性是任何要素都不能替代的。

高： 相信他人、社会和自己的行动，就是相信自己前进在正确的道路上和拥有正确的目的。文化和宗教是树立人生目的的源泉。因此我要说："人无信而不立，国无信而不盛。"正是由于中国人目前急需诚信，却又不够诚信，所以我才认为"'信'——应该最受现代中国关注"。希望在不久的将来，我能够对池田先生说："'信'——已经最受现代中国关注"，"'信'——确实最受现代中国关注"。故扫虚假之险气，扬诚信之新风，乃是建设池田先生所倡导的"共生的道德气质"的首要任务。

第十三回

青年不屈的灵魂照亮未来

高：今年3月，日本发生特大地震和海啸灾害，造成重大人员伤亡和财产损失，对此，我心疼如刀绞。我代表我会全体成员，在深表哀悼的同时，对所有的遇难者表示由衷的慰问。面对自然灾害，人们是不会屈服的，相反，它会促进人与人之间的关爱和道德力。我相信，大家一定能克服困难，重建美好家园。

池田：非常感谢高先生的真诚鼓励。这次发生的巨大地震和海啸，是我国观测史上前所未有的，给全日本带来了沉重的打击，悲哀笼罩全国。不过，现正在全力以赴地开展救援和重建工作。我们也一直在竭尽全力地开展救援活动。以东北和关东地区为首的很多我熟悉的青年们，不分昼夜地为灾区人民和灾区奔走。生龙活虎般的青年的身影给人们带来无限的勇气。“青年是未来的希望，青年前途无限。”这是贵国文豪巴金对我说的。只有重视青年，社会才有未来。青年拥有新生的力量。不管眼下有多么困难，但一定能够靠青年的力量开辟新的道路。贵国发展的渊源之一，我认为是大力培养青年、集合青年的力量。其象征就是世界最大的青年团体中华全国青年联合会。

高： 上世纪70年代末至80年代初，我在中国青年联合会任副主席，当时青联主席是胡启立先生。与池田先生首次会面、得到周恩来总理夫妇的鼓励，都是在这一时期。青联的一个重要任务是搞好中国青年与世界青年的友好访问与文化体育交流活动。从那时至今，我访问了四十三个国家和地区，通过友好交流访问活动，开阔了眼界，改变了我的许多看法和观点。比如，过去批评一些人“崇洋媚外”时常说：好像外国的月亮都比中国的月亮圆。当我在乌干达访问时，见到乌干达的月亮就是比中国的月亮圆。我问使馆的同志：“为什么乌干达的月亮比中国的月亮圆?”使馆的同志告诉我：乌干达位于非洲东部，是横跨赤道的内陆国，与北京相比，环境等各方面都不一样，所以看上去乌干达的月亮就比中国的月亮圆。又比如，人们常说“天下乌鸦一般黑”，这似乎成了定理。其实不然，在泰国我看到了全身羽毛洁白如雪的白乌鸦；在印度我又看到了黑身、黑头、灰脖的乌鸦。这两件小事，却告诉了我一个大道理：要树立科学世界观得首先观世界。一个坐井观天的人，一个自我封闭的人，是难以成大才的。

池田： 无论任何事，当你亲眼目睹后，常会有新的发现。我也在访问世界各国之际，目睹过北极光、夕阳中熠熠生辉的喜马拉雅山等，这些都是非到当地绝对看不到的绝景。还有让我难忘的是访问加拿大、印度、埃及和贵国时邂逅的那轮洒着皎洁银辉的圆月。世界无比广大，通过与不同国家的人见面交谈，会有许多新发现。青年以开放的胸怀学习不同世界、不同文化是很重要的。然后，树立自己的人生观和价值观。周总理对青年的未来寄予很大的期待，同时，他又尖锐地指出青年常有的倾向。他说：“也有这样一种人，因为东听一句西听一句，把自己弄得惶惶无主，本来开始他还有主意，这样一听就失掉了主意。”在全球化不断加速、各种信息泛滥的当代社会，周总理的这番话该是我们铭记在心的教训。

高： 对，这是总理在我们青年时代的教诲。

池田： 为树立坚定的人生观，周总理激励青年说："我们必须听各方面的意见，辨别是非，从青年的时候起，就培养这样的思考力。"这是周总理自身的人生经历吧。我也在向广大青年介绍总理的教诲。例如，周总理指出："只有经常接近广大的群众，才能增加自己的勇气。一个人坐在房子里孤陋寡闻，这样不行，应该在千军万马中敢于与人家来往，说服教育人家，向人家学习，团结最广大的人们一道斗争，这样才算有勇气，这种人叫做有大勇。我们青年很需要养成这种作风。"对照总理的这番话，就像中国青联与创价学会青年部的交流一样，日中两国青年直接见面，敞开心扉相互学习，在为"全人类和平"的共同目标下携手并肩向前进，我认为意义重大。2008 年，为纪念《日中和平友好条约》缔结三十周年，这一年被定为"青少年友好交流年"，两国的众多青年互访对方国。2010 年秋天，我创办的创价学园高中筝曲部，作为"高中生国际文化交流事业"的一部分，代表日本高中生访问了贵国广州市。他们受到真心的热烈欢迎，回国之际，学园生们下定决心"要成为能为人类的真正和平与幸福作贡献的人才"。

高： 听说在创价学园高中生参加的广州交流活动中，还共同举办了使用中日两国传统乐器的演奏会。两国的学生们跨越语言和文化的差异，意气相投。在展望中日友好新时代时，我知道这是非常有意义的交流。我在青联工作之时，正是中国的"文化大革命"刚刚结束之际。十年浩劫，使得青少年的道德大滑坡，不文明、不礼貌、不孝敬长辈以及打架斗殴等暴力事件随处可见，青少年犯罪率直线上升，"救救孩子"的呼声震撼了我的心灵。在那个时期，我日复一日地抓青少年的思想道德教育和挽救失足青年的工作。这是当时我最辛苦的事情了。后来，当以讲文明为核心的"五讲四美"活动广泛开展起来之后，许多后进青年变成了先进青年，“打架大王”变成了“突击队长”，“害群之马”变成了利国利民的“千里马”。当看到青少年心头的冰凌化为春水的时候，我感到特别的高兴。

池田：多好啊，当年轻的生命沐浴鼓励的阳光时，会发生戏剧性的变化。“救救孩子”也是鲁迅先生的呐喊。我能充分感受到高先生的深厚慈爱。作为人生的长辈，我们能为后继青年做的，我想就是赠与他们开创未来的自信、勇气和指针。将来，青年们即使面临预想不到的苦难，也能发挥出战胜难关的勇气、智慧和力量，我们要在青年的心中播撒如此强韧的“生命力种子”……这就是领导人应该完成的责任和使命。

高：对青少年进行教育，我一直奉行“温暖、尊重、信任、责任”八字方针。所谓“温暖”，就是给人以人性的关爱。青少年犹如开创未来的种子，只有给其以春风般的温暖，才能使其开花、结果。尤其是那些失足青年更需要人们的关爱。只有温暖才能化解他们心中的冰凌；只有用教育与感化相结合的方式，才能点燃他们心中的明灯。那种冷冰冰、硬邦邦的态度，青年是不会接受的，只有给青少年以“温暖”，才能让伟大的人性开花。所谓“尊重”，就是要尊重他人的人格。在任何情况下都不能伤害他人的自尊心，更不能侮辱他人的人格。你不尊重青年，青年就不会尊重你。所谓“信任”，就是相信青年。信任比奖励更令人幸福。信任是打开人们心头锈锁的一把金钥匙。一个被人质疑的人，常常会激起对对方的反精神力。因此，信任能给人以信心和力量。所谓“责任”，就是要有一颗炽热的责任心。我和我的同事，总是以拙著《新三字经》中的“燃红烛，化春泥，呕心血，育桃李”的责任感去开展青年工作，引导青年前进。

池田：这些都是要点，是人性教育的要诀。相反，“温暖、尊重、信任、责任”的缺乏，会引发出教育上的诸多问题。1968年，在创价学园开校之际，我说：“综观现今教育界的实际状态，有很多现象值得忧虑，希望加以改善的社会舆论日趋高涨。造成这可悲现实的根本原因是教育理念的丧失，轻视青年人格风潮的蔓延，还有就是领导人对后代不认真负责。”培养青年不仅是教育界的问题，而且是整个社会应该为之行动的主题。在与青年接触中，重要的是要有一颗希望青年能“青出于蓝而胜于蓝”的心。再就是铭记高先生所言，充满温暖、尊敬、信赖的感情是人性教育的根本。

高：我在与青年交朋友的过程中，强调得最多的是“学习”，不厌其烦地告诉青少年“生有涯，知无限，苦功读，莫偷安”，“学习是生命的奠基石，苦斗是命运的救生圈”。学习可改变命运。一个人一辈子要学好两样——一是学好做人，二是学会做事。只有把学与做结合起来，才能把文化转为文化力，才能成为栋梁之才，才能改变自己的命运，也才能帮助他人改变命运。

池田：可以说“学习是光明、学习是胜利”，而高先生就是伟大的榜样。学习、不断提高自己，不仅对于自己的人生，也将给众多的人和社会带来影响。近代中国教育家唐文治先生指出：“国何以立，系于民之心，是非之心存焉尔。国何以倾，亡于民之心，是非之心亡焉尔。”这是至理名言，只有每一个人都贤明，社会才能正常地繁荣。在考虑地球环境等眼下问题时，民众好学的意义将更深远吧。距今三十七年前第一次访问贵国时（1974年6月），我参观了位于西安市的陕西省博物馆。在那里，我看到了表现“赤眉起义”、“黄巾农民起义”等无名百姓起义的绘画和地图。我从中感受到推动历史发展的“人的力量”和“百姓的强大”。我深深感到，如果不以人民为基础，最后肯定是经不起历史审判的。文化也一样，只有尊重人民、以人民为本，才可能放射超越时代的光芒。

高： 我赞成您关于“推动历史发展的‘人的力量’和‘百姓的强大’”的观点。从人类的发展历史来看，“问苍茫大地，谁主沉浮”，是人的力量，人民大众是历史的创造者。您所说的“文化要尊重人、要以人为本”，正是中国文化传统固有的人本主义思想。我感到，文化的人本主义是您思想的精髓。中国传统文化的“天道”观及“天人合一”观念，是文化人本主义的完整体现。“天人合一”观念中的“人”，既是指人的社会整体，也指人的个体；既指人的外在社会属性，又指人的内在人性价值。

池田： 这是我们上次谈到的“人是宇宙中的构成人员”、“人可说是一个小宇宙，具有无限的可能性”的两个侧面吧。贵国的历史，脉动着让这两个侧面相和谐的深邃人性观。在日中两国邦交正常化不久之际，曾有即将访华的领导人向我提问：“该以怎样的思想准备与中国的各位接触?”我回答说：“就是人与人的见面嘛。”虽然是不同的国家和民族，但人就是人。只要以人本主义为基调诚实地相交流，就一定能相互理解、相互共鸣、共同向着世界和平的目标前进。至今，我已把友情扩展至世界一百九十二个国家和地区，亲自访问的国家、地区达五十四个。基于我的亲身经历，我敢断言，不管是哪国人，生命深处都有共通的尊极之光。“没有比‘生命’更尊贵的宝物，人应该是平等的，应该相互尊敬”，在秉持这一绝对信念进行对话、交流时，这尊极之光定将愈益灿烂。

高： 对，为了加强和扩大中日两国的友好关系，我觉得最需要的是加强两国领导人的对话和人民大众的文化交流，进一步形成相互理解、相互信赖、相互尊重的文化氛围，正确对待历史和历史遗留下来的问题。我个人认为，中日两国需从以下十个方面加以改善和加强：

一、中日两国领导人应建立对话的平台或机制；

二、中日两国建立和发展战略互惠的伙伴关系；

三、中日双方都应冷静妥善处理好两国之间的敏感问题；

四、中日两国要彼此尊重国家的核心利益；

五、中日两国要进一步扩展双边的文化交流；

六、广泛开展民间外交活动；

七、充分发挥NGO组织在两国交往中的纽带、桥梁作用；

八、积极推进中日两国间在文化、经济、贸易等方面的合作；

九、要以历史为鉴，面向未来，着眼于向前看、向前走；

十、为中日友好奋力终身的老前辈，要细心培育继往开来的新一代，使中日友好世世代代传下去。

上述十点，都离不开文化，都离不开文化力。可以说，文化力是发展两国友好关系之关键。

池田：对，必须有多层次的对话和交流。其中，我认为民间交流、文化交流将越来越重要。只有通过民间交流和文化交流，才能产生富有共感的友情。人们不可能与有很多亲朋好友在的国家相互攻击。人民之间超越国境、相互缔结友情，层层遍布的友情联网，把祈愿和平友好的民意集结起来，尤其是青年的信赖联网，它是最强韧的创造未来和平的力量，这也是为什么我至今一直祈愿两国青年的交流、并为之行动的原因所在。

高：我有同感。我相信，肩负未来的各国青年，如果能携起手来共同行动，和平必定到来。

池田：我曾与中国著名学者季羡林先生、《法华经》写本专家蒋忠新先生就文化与和平的关系展开鼎谈。我们一致认为“文化交流是促进人类社会发展的最主要力量”。蒋忠新先生总结说：“人类前进的历史，是文化交流的历史。促进文化交流就等于促进人类社会的进步。相反，阻碍和破坏文化交流，就等于是阻碍和破坏人类社会的进步。战争尤其如此。战争不仅阻碍文化交流，而且还毁灭文化。因此，反对战争、阻止战争、捍卫世界和平，与促进文化交流是一种互补的关系，两者缺一不可。”这是已为故人的蒋先生的遗言。我祈愿兴隆文化，促进世界和平，为此创办了文化、学术团体。我先后于1962年创办东洋学术研究所（现东洋哲学研究所）、1963年创办民主音乐协会（简称民音）、1973年在静冈县创办“富士美术馆”（后与东京富士美术馆合并）、1983年创办东京富士美术馆、1993年创办波士顿21世纪中心（现池田国际对话中心）、1996年创办户田纪念国际和平研究所。在与世界众多有识之士深入广泛的合作中，正在掀起新的和平潮流。

高：池田先生创办的组织，都已发展为促进与世界交流的文化团体。

池田：其中，2011年迎来成立四十八周年的民音，至今已与世界一百个国家、地区展开交流。与贵国的文化交流尤其活跃，其起步是在1975年邀请北京艺术团来日本公演，之后又邀请了上海京剧团、北京人民艺术剧院、上海艺术剧院。1990年访华期间，我在北京欣赏了在周恩来总理提议下成立的东方歌舞团的表演。1991年实现了东方歌舞团在日本的首次公演，赢得极大好评。2002年，为纪念日中邦交正常化三十周年，中国京剧院前来日本巡回公演，节目包括《水浒传》、《西游记》中广受人们喜爱的名段子，观众为能欣赏到最高水平的民众艺术而兴高采烈，鼓掌喝彩。介绍贵国音乐、艺术的民音舞台的公演次数已超过一千七百场，日本国内的欣赏者共有二百五十五万人。

高：多了不起啊。黑格尔在论世界历史的发展时有这样精彩的句子：“我们经常看到某种大量的共同利益在困难地前进，但是更经常看到微小力量的无限的紧张活动，它们从似乎微不足道的东西中产生某种巨大的东西。”文化的创造又何尝不是如此呢？如果谁不尊重看起来平平常常的百姓，谁就必将会被百姓所抛弃，历史会作出这样的审判。一种文化的创造如果没有民众力量的参与，就会抑制文化个性价值的张扬，就失去了人性基础，从而会产生文化紊乱与文化的衰退。

池田：人民是时代的主角，是社会的原动力，这是根本潮流。东京富士美术馆也是一个面向世界开放的美的广场。它附近有包括创价大学在内的好多所大学，观众中有很多是学生。它至今已举办了五百余场展览，共计约有七百万人前来欣赏了各类美术至宝。美术馆所收藏的西洋绘画作品数量，在日本可谓首屈一指，已在海外十八个国家、地区的二十八个城市举办过展览。近年，在贵国的大力支持下，美术馆举办了“悠久的大地与人间的浪漫——大三国志展”（2008 年 5 月－2009 年 3 月）。展品都是贵国珍藏的历史与文化的精华，还包括被贵国认定为“国家一级文物”的国宝级作品五十三件，观众好评如潮。该展除东京之外，还在北海道、兵库、福冈、香川、爱知、群马巡回展览。作为中国作品展览会，该展参观人数创下日本最高纪录。之后，又应贵国各界的要求，作为“归国展”，在贵国的上海、北京等五个城市展览。该展览是我在与贵国驻日大使等有关人士会谈中酝酿出的方案，然后使之具体化。在着手准备的当时，日中两国之间处于所谓的“政冷经热”状态，政治上很不协调。但我作为祈愿友好的一介民间人士，期望该展能起到抛砖引玉的作用。就在这时候，我收到您的信函，其中写道：“中日两国人民的和平友好之树会千年常青，信义和友谊之花会万代飘香。”我再次表示感谢。今年（2011 年）5 月，美术馆又承蒙贵国各有关单位的大力支持，将举办“地上的天宫　北京故宫博物院展”。这据说是首次以与故宫历史相关的妇女为主题的展览。

高：这种超越政治的文化交流正合我意。我认为，在未来的社会中，文化应该成为一门包罗万象的科学。文化应该成为一种最高、最具有智慧的价值观；成为衡量一个社会、一个民族文明程度的测评仪，成为调解物质与精神倾斜的平衡仪。在未来的社会，文化力将会游动于世界的各个角落，它可能会以四种主要形态存在于人类万事万物之中。这四种形态即文化联结力形态、文化和合力形态、文化先导力形态和文化主导力形态。第一，“文化联结力”，即把世界万事万物联结起来的力量。只有文化才能把不同民族、不同国家、不同制度、不同文明、不同观点以及经济与政治、内政与外交、微观与宏观联结起来，这是人类共谋共生、持久和平的夙愿与归宿。所以您提出的我们对谈的主题“联结地球的文化力”，具有重要意义，顺着您这一思路联想一下，便会发展成为“联结宇宙的文化力”。

池田： 超越地球联结宇宙——多么振奋人心、多么壮大宏伟的文化力蓝图啊。联结宇宙的心愿会进一步加深人类的合力。

高： 第二，“文化和合力”，即把不同的文化因素、不同的文明方式结合在一起而形成的伟大力量。我们正把先贤们倡导的“和而不同”变为生活的现实。在人类社会中什么力量最大？回答应该是“合力”二字，所以我在《新三字经》中，写了一句赞扬和合力的话——“和合力，胜金玉”。第三，“文化先导力”，是引导经济发展、社会进步的先进力、先行力和对旧事物的冲击力。先导力能创造未来的科学，是人类大智大勇的体现和典范。如今，文化先导力尚未被人们广泛地认知，而在不久的将来，一些人从失误、失败的教训中醒悟过来，便会认识到：民族复兴，文化先行！文化领航，事业辉煌！这一理念，将会引导社会向着文化力新时代迈进。第四，“文化主导力”，就是文化力将会成为国富民强、世界太平的主导力量。

池田：非常确切地总括了我们至今论及的文化力特质。至今，引导时代前进、结合广大民众、推动社会发展的力量，表面上看来主要是政治力和经济力。但是，政治、经济往往根据势力分优劣，如果只讲政治力和经济力，那就没法找到和多样化的人们、地球环境共生的道路。科学技术的进步是双刃剑，也会出现弊害。因此，有必要向新价值观转换，且必须变革人自身的精神。这是我与汤因比博士在对谈中的共识。博士说："在人的活动中，唯一具有无限扩大可能性的领域就是对精神目标的追求。"从这意义上来说，高先生所提出的不管与任何力相比都应该最重视文化力的主张，可说是指明了人类应该前进的方向。

高：从整个发展历程来看，人类社会已经走过和走入了三个时代，即采集经济时代、农业经济时代、工业经济时代。在工业经济时代，生产力左右着整个社会，也就是说，生产力在整个社会中起着唱主角的作用。这种形态，给社会发展和人民的生活带来了实惠，它还会继续延续一个时期。但用发展的眼光来看，当今世界经济至上，物欲横流，急功近利，道德缺失造成社会失衡现象，人与自然互争互毁，且世间贫富日益悬殊，物质上、精神上的两极分化所导致的不平等现象还在恶化、还在扩大。文化引导未来，文化创造未来。我觉得，人类的发展可能正处在一个转型时期，这就是逐步地由工业经济时代向着知识经济时代迈进。到了知识经济时代，那便是文化力左右世界的时代，便是文化力唱主角的时代，是文化力起主导作用的时代，起码是文化力与生产力"二重唱"的时代。这样，才能使成长着的巨人、使崛起的国家避免和克服发展失衡的瘸腿病，才能避免出现社会精神分裂症，才能使人类稳定、健康地发展。

池田：我们前面也谈过，文化人之间的交往，不该是强加于人、也不该是冲突，而必须是相互理解、产生合力。从这意义上来讲，我所期待的是民间草根交流、文化交流，以及这种交流的轴心、“人类议会”联合国的作用。联合国的使命是引导地球社会走向和平与共存之路，有关联合国的使命，我在每年发表的和平倡言中多次提及。制止具体的国家间、区域间的纷争与促进和平建设，这固然是联合国的使命；而文化交流在防止一切纷争、建立信赖关系的过程中不可或缺。

高：通过多种多样的文化交流来构建世界和平，是联合国的重要职能。文化交流是沟通人们心灵的金桥，是构建“和平文化”的源泉。这种“和平文化”一经构成便会产生“和平文化力”，便会增进人们之间的情感，便会促进人类的和谐与世界和平。联合国应该制定文化交流的政策、战略和目标。我觉得，保护文化个性、坚持文化平等、加强文化合作、促进文化发展，是联合国制定文化交流政策的四大支柱，也是各国在文化交流中应恪守的基本原则。我也希望联合国教科文组织的活动更加活跃，而且应该细化文化交流的五年计划，创造国际文化交流品牌，建立各国可以申报优秀文学艺术作品的机制。联合国应对其中特别有价值的作品加以推广、推荐，对在国际上有积极影响的优秀作家和优秀作品予以表彰；对有重要意义的活动和合作项目，在经费上予以适度的资助，以促进国际文化交流，推进世界和平事业的发展。

池田：高先生的建议对联合国今后的发展方向起到了启发作用。我在前年（2009 年）发表的倡言中建议联合国设置一个“展望全球未来的部门”，积极推进建设和平的地基。因为至今联合国仍往往是对已经发生了的问题进行事后处理；在考虑联合国应有的职能时，我认为不可缺少的是展望人类未来、制定行动战略、强化联合国机能。高先生提出的强化文化交流方式，我认为对理解多样化的世界文化、构筑共生时代而言，其实是很重要的蓝图。在美国历史学家保罗·肯尼迪的大作《人类的议会》中，肯尼迪把联合国比喻为一把三条腿的凳子：第一条腿是确保国际安全措施，第二条腿是改善世界经济，第三条腿是提高各国民族间的理解。他接着强调："无论其他两条腿多么坚固，如果不提出增进人民间政治和文化理解的方案，那么这个制度就将失败、崩溃。"在要求相互理解的呼声日趋高涨之时，联合国把去年（2010 年）定为"国际文化和睦年"，展开各类活动。日本国内也以区域为单位举办各类展览等活动。我创办的各类机构也通过从各种角度召开的国际会议推进文明间的对话。例如，户田纪念国际和平研究所于去年和今年，分别在北非的突尼斯和摩洛哥召开了国际会议；去年年底，东洋哲学研究所与巴西哲学院共同举办了南美首次"法华经展"，今年又在印度召开了研讨会，畅谈为实现世界和平的哲学。

高：联合国确定 2010 年为"国际文化和睦年"，这是一项高明之举。我祈盼"国际文化和睦年"在世界各个国家和地区的政府及民间组织的积极参与下，全方位地开展文化交流活动。在文化交流中，有两点是我特别关注的。一是"文化权利"问题，也就是文化平等问题。对各个国家、各个民族的文化特点，应予以普遍的尊重，不允许有任何形式的文化霸权现象存在与发生。二是"文化交流的健康"问题。文化交流的内容应是健康的、祥和的、愉悦的，使文化交流真正成为促进世界和平的力量。我认为联合国在文化交流上应具有这样的行动理念：各国文化交流渠道，是维护世界和平的"万里长城"。

池田：万里长城是在悠久的岁月中，为防御北方的种种威胁而修筑的，它是人类最长的建筑物。根据 2009 年 4 月贵国国家文物局和国家测绘局共同发布的消息得知，长城中的"明长城"部分全长为八千八百五十一点八千米！文化交流是捍卫人类的"长城"，它不是把人与人间隔起来，而是把人与人的心联结在一起。

构筑文化交流这座长城可说是更困难的挑战。因此，我们要比建筑万里长城这巨大建筑物的先人们更加坚忍不拔、不屈不挠地把这事业世代传承。只有这样才能建设遍及万里的“和平长城”。建设和平长城，不能单单召集联合国、国家，而要更多地汇集民间团体和每一位市民的力量。

高：对，我赞成。中国目前已进入公民社会的初级阶段，非政府组织有了较快的发展。据统计，截至 2008 年 6 月底，全国各类民间组织为三十八万六千多个，其中社会团体二十一万多个。学者估计其实际数量绝对超过这个数字，清华大学 NGO 研究所的估计是二百万至二百七十万个之间。这其中许多非政府组织，对公益事业、对弘扬中华文化怀有高涨的积极性，这些组织兴建学校、兴建博物馆、展览馆，举办文化讲座、展览，进行年度“文化人物”、“公益人物”评选等等，初步形成了一支提升文化力的生机勃勃的力量，成了政府与民间联系的纽带和桥梁。中国的 NGO 在发展的过程中，具有一种政府主导的官民双重性，还不够规范、不够完善，处于相对“弱势”的困境：注册困境、定位困境、资金困境、人才困境、信誉困境、参与困境、监管困境等等。从总体上看，非政府组织步履艰难，其潜力未能得到充分发挥。星罗棋布的中国民间企业的发展，是中国发展中的一件具有划时代意义的事情。这些民间企业虽然千方百计地求发展，但它们与非政府组织有着相似的境遇。这些民间企业和非政府组织，奋力地求生存、求发展，做了许多政府难以做到的事。2008 年的汶川大地震，民众赈灾热情极为高涨，这是中国民间蕴藏的文化力与精神力的一次大爆发、大提升。非政府组织和民间企业表现出强烈的文化意识、集体意识和公民意识，如中华文化促进会牵头组织的赈灾文艺演出，募捐达二十三亿人民币，充分展示了民众的精神力和道德力。

池田：多么可贵的行动啊。日本积累的多次震灾经验表明，志愿者的救援活动发挥了很大作用。前面也讲到，我们创价学会青年部总是积极、诚实地开展救援活动。前年，就制定“禁止核武器条约”，创价学会青年部在全国开展大规模的署名运动，得到逾二百二十七万人的响应，这些“呼声”已递交到核不扩散条约（NPT）审查会议和联合国。日本是迄今世界上唯一遭受原子弹轰炸的国家，我们创价学会废除核武器运动的出发点，我在前面也讲过，是源于恩师户田会长发表的《禁止原子弹氢弹爆炸宣言》。那是1957年9月8日，在神奈川县横滨市三泽公园运动场，户田先生面对五万名青年，明确指出核武器是“绝对恶”，他说：“我们世界人民有生存权利，威胁这权利的就是魔，是恶魔，是怪物……如果你们是我的门生，就要牢记我今天的声明内容，并把这意思弘扬全世界。”创价学会铭记恩师的遗言，为实现“无核时代”，在全世界推展和平潮流。我们认为，超越国家框架、祈愿和平的世界人民的联网能够改变时代。为促进“禁止核武器条约”的制定、《全面禁止核试验条约》的早日生效，我们将与各国非政府组织相互合作，更进一步开展汇集民意的运动。

高：文化力的根基在民间。民众精神力的不断解放，为民间蓄养着文化力。比如，中华文化促进会组织的《甲申文化宣言》和最近中日韩等国联合召开的2009年“世界友好文化论坛”等活动，都起到了“增进友谊、促进和平”的积极作用。关于“文化力的行动”方面，重视者和支持者越来越多，我们正在积极筹建“文化力中心”，想请您担任该中心的国际名誉主席。我想，在您的影响和倡导下，日本的文化力研究，有可能走在世界的前列。在我的心目中，您是国际上高扬文化力的一位举旗人。您关于“文化力”的精辟论述，不仅会影响日本以及许多国家，而且还必将会转化为世界的文化资源，成为留给后代的有特殊价值的精神财富。

池田：受之有愧。对我来说，与高先生的对谈是进一步学习、探究文化力意义的难得机会。我决心今后继续积极推进民间的文化交流与和平运动。历史上，贵国丰富多彩的文化传入日本，学习贵国是日本发展的原动力。以文化力联结世界，贵国和日本、及包括朝鲜半岛在内的东北亚的合作，定将成为稳定亚洲乃至世界的关键因素。

高：我也认为，中日两国应以博大胸襟处理好两国之间的问题、面向未来，这样有益于进一步发展两国的友好睦邻关系，努力使中日友好成为从亚洲走向世界的“21世纪真正友好国家”的楷模。从历史上看，中日两国文化交流的亲密度，是举世无双的。二战前后，由于那场不幸的战争，导致了两国文化交流的断层。自20世纪70年代末中日两国签署中日文化交流协定以来，中日两国通过官方、民间、商业等多种形式进行文化交流，其范围越来越广，数量越来越多，内容越来越丰富。中日两国已结成二百一十一对友好城市，其数量居各国之首。文化交流的内容从书法、美术、戏曲、文物等传统文化领域逐渐扩展到了现代文化产业领域，每年中国赴日本的大中型文艺团体有八十个至一百个，中日两国已成为最重要的文化贸易伙伴之一。可以说，文化交流在增进两国友好关系的过程中，发挥了“减震”和“润饰”作用。这是非常值得珍惜的文化交流成果。当然，中日文化交流也还存在有待于完善的地方。比如，中日两国在文化交流中，两国政府出面组织的文化交流项目不多，民间的文化交流占文化交流总量的百分之九十五以上，两国主流社会的参与明显不足，我觉得这是应该改善的。我也深深感到，贵国与中国，包括朝鲜半岛在内的东北亚的文化合作将是关键。东北亚亦应本着战略互惠的思路，加强文化合作，这既有利于壮大发展我们的文化实力，又有助于推进亚洲及世界的和平。只有合作，才能产生和合力，才能更好地繁荣和振兴东方文化。

池田：我完全赞成。十二年前，为欢迎来访日本的中国青年联合会一行，我赠他们一首诗，其中写道：

> 你们的舞台
> 无限广阔
> 人类的希望
> 寄托在你们青年身上
>
> 中日青年的友好
> 是亚洲与世界和平的基础
>
> 日中青年
> 手挽手肩并肩
> 来往于“金的心桥”
> 加深和广结
> 终生不渝的友谊
> 共同谱写
> 人民胜利的历史

诗中的“金桥”二字，是自我第一次访问贵国以来常用的。关于这词汇中所包含的心意，在创价大学“周樱”旁设立石碑“金桥碑”时，我通过日莲大圣人的《御义口传》对创价大学生们说：“佛法中把生老病死喻为金银铜铁。金为‘生’，是坚定地活下去的光辉生命，意味着和平。”“不管是何事，不行动则一事无成。”“不管有多么艰辛、多么痛苦，如果行动，就能前进一步。”“不必急躁，在一步一步的自我挑战中，自己来建筑金桥，并来往在这金桥上。一步一个脚印地前进很重要，炫耀般的前进就好像是放焰火，稍纵即逝。”“我祈愿‘金桥’这二字，在未来三十年、五十年一直作为一种象征，有更多的人来参与巩固金桥、在金桥上来来往往。”日中友好的金桥是没有竣工日期的，在岁月的洗礼和世代的交替中，在人们更加广泛地结识友谊、阔步迈进中，金桥将更加灿烂生辉。所以，我特别重视青年的友情，重视文化交流。

高：前年，中国国家副主席习近平同志在日本之行中，亲自为东京中国文化中心揭牌，为中日两国文化交流揭开了新的一页，这充分表明中日双方政府更加重视文化交流，为中日两国心灵沟通又架起了一座新的“金桥”。青年是时代的骄子，是人类的希望。青年总是以饱满的热情为时代和社会注入新鲜的活力。他们虽然经验不足，但他们易接受新事物。我在与青年的交往中，注意学习青年人的优长。与此同时，我向青年人强调得最多的是，要优化自己的精神人格，要不断地用文化力、精神力、道德力灌注自己的生命和心灵。和池田先生向青年阐述自己对“金桥”的心意一样，我也经常鼓励青年，要用自己的行动去创造美好的未来。“幸福不会从天降”，要靠自己的汗水和智慧去浇灌幸福的花朵。未来，不仅仅是自己的未来，也是祖国的未来、人类共同的未来。一个人生存的价值在于，既使自己幸福，又使他人幸福。这才是我们倡导的幸福观。

池田：“挑战”是青年的特权。巴金先生说：“年轻人永远怀着高飞的雄心，因此哪怕一线的光明和希望也可以鼓舞他们走很远的路程。”如果青年有炽热的不屈精神，未来则光明；如果青年有希望、有理想，社会则进步；如果青年高涨着实现理想的勇气，任何考验都将成为瑰宝。今后，我愿与高先生一起为日中友好、世界和平进一步加强文化交流和促进文化力的发展。为青年！与青年一起！永远秉持青年的朝气！

图书在版编目（CIP）数据

联结地球的文化力：高占祥与池田大作对话录/高占祥，（日）池田大作著．—北京：中国人民大学出版社，2011
ISBN 978-7-300-15024-6

Ⅰ.①联… Ⅱ.①高…②池… Ⅲ.①社会科学-文集 Ⅳ.①C53

中国版本图书馆 CIP 数据核字（2011）第 266538 号

联结地球的文化力
——高占祥与池田大作对话录
Lianjie Diqiu de Wenhuali

出版发行	中国人民大学出版社		
社　　址	北京中关村大街 31 号	**邮政编码**	100080
电　　话	010－62511242（总编室）		010－62511398（质管部）
	010－82501766（邮购部）		010－62514148（门市部）
	010－62515195（发行公司）		010－62515275（盗版举报）
网　　址	http://www.crup.com.cn		
	http://www.ttrnet.com(人大教研网)		
经　　销	新华书店		
印　　刷	涿州市星河印刷有限公司		
规　　格	170 mm×240 mm　16 开本	**版　　次**	2011 年 12 月第 1 版
印　　张	14.5 插页 3	**印　　次**	2012 年 11 月第 2 次印刷
字　　数	182 000	**定　　价**	68.00 元